AF502769

# DE LA

# SUPPRESSION DES OCTROIS

## ET DE

## LEUR REMPLACEMENT

## THÈSE POUR LE DOCTORAT

L'acte public sur les matières ci-après sera soutenu le
Jeudi 7 Juin 1900, à 10 heures

PAR

## RENÉ DE CHAMBERET

*Président :* M. BERTHÉLEMY.

*Suffragants :* { MM. CAUWÈS, THALLER } *professeurs*

PARIS

LIBRAIRIE NOUVELLE DE DROIT ET DE JURISPRUDENCE
ARTHUR ROUSSEAU, ÉDITEUR
14, RUE SOUFFLOT & RUE TOULLIER, 13

1900

DE LA

# SUPPRESSION DES OCTROIS

ET DE

## LEUR REMPLACEMENT

# DE LA

# SUPPRESSION DES OCTROIS

## ET DE

# LEUR REMPLACEMENT

---

## THÈSE POUR LE DOCTORAT

L'acte public sur les matières ci-après sera soutenu le
Jeudi 7 Juin 1900, à 10 heures

PAR

### RENÉ DE CHAMBERET

*Président :* M. BERTHÉLEMY.

*Suffragants :* { MM. CAUWÈS, THALLER } *professeurs*

---

PARIS

LIBRAIRIE NOUVELLE DE DROIT ET DE JURISPRUDENCE

ARTHUR ROUSSEAU, ÉDITEUR

14, RUE SOUFFLOT & RUE TOULLIER, 13

1900

# CHAPITRE PREMIER

## CONSIDÉRATIONS GÉNÉRALES

— Origine de l'octroi municipal

Aujourd'hui une organisation municipale complète est considérée comme nécessaire à la bonne gestion des intérêts locaux, et celà au moyen d'une autonomie à peu près entière ; elle se présente comme une concession de l'Etat, et un droit commun embrassant tout le pays.

Il n'en a pas été toujours ainsi, c'est sous forme de privilége octroyé par l'autorité seigneuriale ou par le pouvoir royal que nous voyons l'organisation municipale dans l'ancien régime. Il en résultait naturellement, qu'un certain nombre de villes seulement avait obtenu ce privilége et que l'organisation municipale qui en découlait se trouvait être la diversité même. L'effort de la royauté tendit à établir certaines régles communes et à restreindre le pouvoir des villes qui semblait un empiétement sur les droits de l'Etat; la décadence des libertés municipales se produit dés le milieu du XVII<sup>e</sup> siècle. (1)

La question de l'impôt municipal se trouve intimement

_________

(1) M. Esmein à son cours. *Histoire du Droit public.*

liée à celle de l'autonomie communale, il en a suivi les vici-situdes : s'il semble naturel d'un côté que le groupe municipal puisse établir librement les impositions nécessaires à l'accomplissement de ses fonctions, le principe que le droit d'établir les impôts est un droit essentiel de l'Etat d'autre part tendait à faire prévaloir cette doctrine : que les impôts municipaux, comme les autres ne peuvent être levés que par l'Etat.

En France, où l'autonomie communale n'était qu'une concession du pouvoir royal ou de l'autorité seigneuriale, cette conception devait prévaloir et au xvi$^e$ siècle les villes ne peuvent plus s'imposer en aucun cas. « Le roi Charles IX en fit un édit général à la requête des Etats d'Orléans par lequel il est défendu à quiconque de lever des impôts sans la permission du roi (1) ». Ordonnance d'Orléans, 1561.

Il y eut bien quelques exceptions pendant les guerres de religion, où les villes qui jouirent d'un rôle politique établirent souvent des taxes de leur propre autorité ; mais sous Henri IV le principe s'applique d'une façon précise et à cette époque l'impôt municipal, concession royale pour payer les dépenses de la ville, est étendu à tous les habitants de la région, ce qui montre bien que c'était un impôt royal concédé au profit d'une ville. C'est à partir de ce moment que les villes eurent distinctement :

1° Des deniers patrimoniaux (bien acquis par la ville qui pouvait en disposer) ;

(1) Bodin. Liv. i, p. 244.

2º Des deniers d'octroi (produits des impositions autorisées par le roi).

Les deniers d'octroi qui comprenaient aussi bien des
taxes directes que des taxes indirectes tirèrent leur nom de
l'autorisation royale, ce n'est qu'au xviiie siècle que le mot
Octroi prend la signification que nous lui connaissons
aujourd'hui, c'est-à-dire désigne spécialement les droits
perçus au profit des commmnes sur les objets divers et
denrées destinés à leur consommation ; comme étant ceux
qui ont le mieux conservé le caractère de l'impôt municipal,
levés par la ville et pour les besoins de la ville. Ce sont
ces droits qui ont subsisté jusqu'à nos jours.

En retour de cette concession d'un droit qui était un
attribut de la souveraineté, le roi y mettait généralement
une restriction qui constituait la condition de l'autorisation.
Ainsi, aux termes d'un édit de 1323, le fisc prélevait à son
profit, les deux tiers du montant des impôts perçus dans
les villes du royaume. Par lettres patentes datées de
Viviers en Brie, Philippe VI autorisait en 1337, la ville de
Paris à mettre un droit d'octroi sur les denrées pour contribuer aux frais de la guerre.

« Laquelle imposicion et assiette, aucune ville de notre
royaulme ne pevent mettre ne assigner sur aucunes denrées
ne marchandises sens notre décret et auchtorité royale, si,
comme à Nous appartient il nous est offert 14.000 livres
tournois, et nous est supplié que nous veuillions octroier
de notre grâce spéciale l'imposicion et assiette dessus
dicte et estre levée et cueillie sur toutes les denrées et mar-

chandises qui seront vendues et achetées dans nostre dite
ville de Paris, etc... »

On pourrait multiplier les exemples à ce sujet ; tantôt
pour avoir plus souvent l'occasion d'exiger des subsides des
communes, en échange des libertés consenties, le pouvoir
royal n'accordait que des concessions temporaires, espérant procurer de nouvelles ressources au trésor par des pro-
rogations successives ; tantôt il reconnaissait et autorisait
dans les villes la levée d'aides ou d'octrois précédemment
perçus sans la permission royale et demandait en échange
une forte subvention ou l'exécution de certains travaux.

Malgré ces énormes prélèvements opérés, soit directement, par la création de droits nouveaux au profit du trésor,
soit par l'entremise des municipalités obligées d'augmenter
les droits perçus pour l'achat de leurs libertés, les communes trouvèrent cependant les ressources nécessaires à la
marche des services municipaux et conservèrent leur indépendance financière et politique jusqu'au commencement du
XVIIe siècle.

Richelieu en centralisant l'autorité entre les mains du
monarque porta un coup funeste à leur autonomie politique ;
un acte royal en date du 21 décembre 1647 compromit
gravement leur indépendance financière ; cet acte stipulait
que « tous les deniers communs d'octroi et autres qui se
levaient au profit des villes et des communautés seraient
portés à l'épargne et autorisait en même temps les maires et
échevins à lever par doublement les mêmes droits et octrois
dans les dites villes et communautés. »

Mais cette mesure souleva des réclamations nombreuses et ne put être rigoureusement exécutée ; le 28 juin 1653 un arrêt du Conseil en atténua la portée en décidant de verser à l'épargne la moitié seulement au lieu de la totalité des octrois, tant anciens que nouveaux, perçus avant 1647 ou accordés depuis. Un édit du mois de décembre 1663 fixa définitivement la part de la commune à la moitié du produit brut et laissa aux communes l'autre moitié à charge de supporter tous les frais de perception.

Une ordonnance du 22 juillet 1681 confirma cette disposition et attribua en même temps le caractère de perpétuité à tous les octrois concédés. Elle décidait aussi que les octrois accordés après 1681 ne seraient pas soumis au partage mais perçus au profit exclusif des communes, elle stipulait certaines réserves au sujet d'objets que les communes ne pourraient imposer.

Mais ces sages dispositions ne furent pas longtemps observées. Dès la fin du règne de Louis XIV (1) il fut ordonné : la levée d'un double droit des derniers d'octroi qui se percevait dans toutes les villes du royaume ; ce double droit venait s'ajouter à la moitié du produit brut des octrois et fut perçu pendant plusieurs années.

Louis XV confisqua la seconde moitié du produit des octrois et obligea les communes à recourir à de nouvelles taxes. A la fin du règne de Louis XVI, la situation financière des communes était devenue déplorable, la multipli-

_________

(1) Edit de 1710.

cité et la lourdeur des taxes, les exactions des fermiers, avaient rendu cet impôt odieux au peuple qui en supportait presque tout le poids. Un des premiers actes de la Révolution fut d'en décider l'abolition.

Supprimés par le décret du 2-17 mars 1791, en même temps que les autres taxes indirectes, les droits d'octroi furent rétablis à Paris d'abord sous le nom d'octroi municipal et de bienfaisance, par la loi du 27 vendémiaire, an VII; puis, pour quelques autres villes par celle du 27 frimaire, an VIII et enfin d'une manière générale par la loi du 5 ventôse an VIII; la même loi décida que les projets des tarifs votés par les conseils municipaux seraient soumis à l'approbation du gouvernement.

Les droits d'octroi ne furent pas perçus longtemps au profit exclusif des communes, le 24 frimaire, an XI, ils furent soumis à un prélèvement de 5 0/0 en faveur du trésor dans les villes d'une population de plus de 4.000 âmes.

Ce vestige de l'ancien droit régalien devait se maintenir jusqu'en 1852. La loi du 24 avril 1806 éleva de 5 0/0 ce prélèvement dans les communes percevant plus de 20.000 fr. ou ayant une population de 4.000 âmes et la loi du 28 avril 1816 l'étendit d'une façon générale à tous les octrois. Le décret du 17 mars 1852 qui, en même temps qu'il abaissait d'un dixième les taxes ayant un caractère permanent, supprimait cette redevance, fit de l'octroi un impôt exclusivement municipal.

### II. — Inconvénients de l'octroi.

Les octrois ont été l'objet de vives critiques depuis leur rétablissement définitif par la loi du 5 ventôse an VIII et de nombreux réquisitoires ont été écrits contre cet impôt communal. Mais si un courant considérable d'opinions s'est établi en faveur de la réforme des octrois, il n'en existe pas moins des controverses sérieuses entre les économistes qui ont donné à l'octroi des défenseurs aussi convaincus que les détracteurs.

Parmi les griefs qui ont été formulés contre les droits d'octroi, les uns ne leur sont pas particuliers et ne sont en définitive que ceux adressés par un certain nombre d'économistes à tout impôt indirect; les autres, au contraire, s'appliquent exclusivement à ces taxes communales envisagées dans leurs conséquences économiques. Ce sont ces derniers que nous allons reproduire.

### 1º. — *Les octrois nuisent au développement de la richesse publique.*

Il est unanimement reconnu que la multiplication des échanges dépend en grande partie de la facilité des transports, par ce fait la circulation des produits devient plus intense, et se traduit par une augmentation de richesse et de bien-être.

Pour arriver à ce résultat, on a exécuté de grands travaux; on a creusé des canaux, construit des chemins de fer, multiplié les routes ; on n'a reculé devant aucun sacrifice pour percer des montagnes, jeter des viaducs sur les vallons afin de diminuer les distances ; et l'application des découvertes scientifiques du siècle aux modes de transports a permis la circulation intensive des produits sur tous les points du territoire. Mais si tous les obstacles naturels ont été surmontés, par un étrange anomalie, on a laissé subsister les barrières de l'octroi, qui empêchent la liberté du commerce et sont fatales à la prospérité du pays.

Les octrois, en effet, sont de véritables douanes établies au milieu de l'Etat, ce sont les traites intérieures de l'ancien régime que l'édit de 1664 avait supprimées. Les marchandises qui ont franchi la frontière pour se diriger vers le consommateur ou le manufacturier, sont entravées dans leur liberté de circulation, dès qu'elles rencontrent une commune à octroi. L'unification du territoire et la suppression des barrières intérieures des villes poursuivies sous l'ancien régime par Colbert et Turgot, proclamées par l'édit de 1664 qui reconnaissait dans la suppression des droits de traites « le moyen le plus essentiel pour le rétablissement du commerce » sont encore à réaliser.

S'il y a un principe indiscutable de notre droit public, c'est que, parmi toutes ses attributions, l'Etat a le devoir d'assurer et de maintenir la liberté de la circulation des choses et des personnes sur toute la surface du territoire. Notre législation actuelle, en matière fiscale, ne maintient pas cette liberté. Il existe 1.516 douanes intérieures qui

isolent 12.500.000 habitants du reste de leurs compa-
triotes (1).

Il est une autre conséquence très grave de cette situation ; les communes à octroi arrivent à opposer les intérêts
particuliers à l'intérêt public, à se servir des taxes locales
comme d'instruments protectionnistes contre les produits
mêmes de la nation. Ces petites barrières constituent de
petites douanes intérieures dans toute la force du terme
destinées à protéger les habitants de certaines communes
contre telles ou telles industries qui pourraient leur faire
concurrence.

M. Frère-Orban, dans l'exposé des motifs de la loi qui a
supprimé les octrois de Belgique avait constaté le fait en
ces termes : « Une guerre intestine de tarifs, une guerre à
l'état latent, mais des plus pernicieuses pour la consolidation
de l'unité nationale, existe entre nos communes ; car de
l'impossibité, dans la plupart des cas, d'établir sur la même
base la taxe à l'importation et à la fabrication, résulte celle
de produire exactement ces deux taxes. »

Devant le Parlement français, M. Yves Guyot a apporté
les exemples suivants :

« Je pourrai vous citer des faits multiples ; je me bor-
nerai à vous rappeler les dernières discussions du Conseil
municipal de Paris. M. Alphonse Humbert, le 12 décembre 1888, a demandé une réduction de la taxe de 3,60
établie par la délibération du 2 avril 1888 sur la fabrica-

_______________

(1) Yves Guyot, 16 fév. 1889. *Journal officiel.*

tion des fers à l'intérieur de Paris. Pourquoi ? Parce qu'elle n'a pas établi l'égalité entre la fabrication parisienne et celle de la province et que cette taxe constitue, en réalité, au profit de cette dernière un droit ruineux pour les usines situées à Paris. »

M. Humbert déclarait que cette inégalité avait fait fermer les forges de la Villette et éteindre un four à l'Usine de Grenelle.

Un peu auparavant, le 20 octobre, M. Lyon Allemand, M. Patenne, M. Lerolle, conseillers municipaux demandaient un rehaussement de la taxe d'octroi sur les bois ouvrés. Ils faisaient très nettement la théorie de l'octroi employé comme instrument de protectionnisme local.

..... « Je ne blâme ni M. Lerolle, ni M. Lyon Allemand ; ils sont dans la logique de l'octroi, car les bois ouvrés représentent un déchet qui varie entre 30 et 50 pour 100 par rapport au produit brut. Dans ces conditions, si les bois ouvrés ne sont pas frappés d'un droit plus élevé que celui que supportent les bois bruts, il en résulte une infériorité pour l'industriel parisien. Comme il est extrêmement difficile, par voie de règlement d'établir exactement la part de ce déchet, on va plus loin et on fait de la taxe un instrument de protection.

« Malgré la Jurisprudence du Conseil d'Etat, malgré ses arrêts, une foule de communes se servent de droits d'octroi comme instrument de protection. Je vous citerai par exemple la Ville de Tourcoing qui établit une taxe spéciale pour protéger une seule usine et je pourrais vous énumérer bien d'autres cas encore. »

On a lieu de s'étonner de ce résultat; c'est un fait singulier, en effet, de voir ces tentatives protectionnistes se produire à une époque où les doctrines du libre-échange tendent à prévaloir dans les relations avec les pays étrangers. On établit des traités de commerce avec les nations voisines et alors que les produits français peuvent en certains cas par de mutuelles concessions passer librement la frontière, ces mêmes produits, arrêtés dans leurs pays à certains points du territoire national, se voient forcés d'acquitter des tarifs élevés ne justifiant pas toujours d'un caractère fiscal.

Mais l'octroi n'est pas seulement nuisible au commerce et à l'industrie, au point de vue si important des intérêts agricoles, il a des effets aussi pernicieux. M. Frère-Orban a montré combien l'octroi pèse lourdement sur les populations agricoles.

« Les droits d'octroi, disait-il devant le parlement belge, ne sont productifs qu'à la condition d'atteindre des objets de consommation de première nécessité, et sous ce rapport les produits agricoles occupent un premier rang. Les droits sur les denrées alimentaires, les céréales, le beurre, les œufs, les bestiaux, les droits sur les avoines, les fourrages et d'autres que l'on compte parmi ceux qui donnent les plus grands revenus aux villes, ont pour effet de comprimer la consommation au détriment des producteurs. Ce n'est pas assez, lorsque ces derniers se présentent avec leurs denrées, ne fut-ce que pour traverser la ville, ils sont soumis à des formalités ou à des taxes onéreuses, et, s'ils veulent livrer au marché intérieur, ils sont tenus de faire l'avance de l'impôt sans être assurés de la récupérer ultérieurement ; car la concurrence peut les contraindre à prélever sur leurs bénéfices les plus légitimes une quotité de la taxe qui se confond avec le prix de l'objet vendu. »

Il est certain en effet, que la taxe perçue à l'entrée des villes, ou se prélèvera en partie sur le producteur et diminuera ses profits, ou s'ajoutant au prix de la marchandise, en diminuera la consommation. Dans l'un ou l'autre cas, le producteur supportera une perte sensible. Les octrois sont nuisibles à l'agriculture parce qu'ils arrêtent la consommation et par suite la production, parce qu'ils frappent, pour être rémunérateurs, les objets d'alimentation et que les communes ont une tendance à reporter chaque jour plus loin les limites de leurs octrois. Qu'une bonne récolte se produise, l'abaissement des prix qui devrait en résulter et augmenter la consommation, ne se réalisera pas, car que le prix s'élève ou s'abaisse, que la rareté se fasse ou que l'abondance survienne, la taxe d'octroi, toujours uniforme, nuit à l'écoulement des produits que le bon marché favoriserait.

Mais ce n'est pas seulement le tarif qui porte atteinte a la consommation et à la circulation des produits taxés dans les villes, il faut ajouter aux droits qu'il faut payer les formalités ennuyeuses, la perte de temps et le danger presque inévitable de contraventions. L'octroi, a dit M. Frédéric

Passy, est un de ces impôts qui se payent trois fois en argent, en temps et en vexations, et il citait l'exemple qui avait été produit devant lui par un adjoint de la Ville de de Paris, M. Vée: « M. Vée était intéressé dans une grande fabrique de produits chimiques ; et il constatait que, pour aller journellement d'un côté de Paris hors Paris, à l'autre côté, hors Paris, comme qui dirait de la barrière de la Porte-Maillot à Vincennes, pour éviter les ennuis, les tracasseries, les dommages causés aux matières transportées, on préférait régulièrement faire le tour de Paris et ne faire par conséquent qu'un voyage au lieu de deux par jour ; on disait qu'on y trouvait encore son compte »

D'ailleurs, le voyageur aussi bien que le producteur est soumis aux perquisitions des agents qui suivant leur bon plaisir peuvent exiger l'ouverture de toutes malles ou caisses, s'assurer qu'une voiture de déménagement ne contient aucun objet soumis aux droits en faisant mettre à terre tous les meubles qu'elle contient. S'il y a quelques objets égarés en route, comment établir les responsabilités entre l'expéditeur, l'agent de commission, le destinataire et l'employé de l'octroi ?

Enfin il est difficile d'éviter les contraventions, si honnête que l'on soit. Une déclaration exacte de denrées ou d'objets à introduire doit être faite à la porte de la ville, la veille on a chargé une charrette de foin bien sec sortant du grenier. C'est le poids de ce foin que vous avez payé. La charrette reste la nuit dehors et se présente le matin dans es lignes de l'octroi. Il a fait du brouillard pendant la nuit.

Votre déclaration constate un poids inférieur au poids actuel, vous n'aviez pas songé au brouillard et pourtant on vous dresse un procès-verbal, vous avez un procès ou vous êtes obligé de consentir à une transaction onéreuse.

Les facteurs de la halle sont venus déclarer devant la Commission de la Chambre qu'on dressait souvent procès-verbal contre eux pour des erreurs de 3 kilogs sur 400 kilogs de beurre, erreurs indépendantes la plupart du temps de leur volonté. « Presque partout dit M. Yves Guyot (1), les bureaux d'octroi sont fermés à telle heure et ouverts à telle autre. C'est le couvre-feu ! Si vous arrivez avec un objet soumis à l'octroi, nous n'avez qu'une alternative où laisser l'objet à la porte de la ville ou devenir un fraudeur..... »

Des marchands de bétail veulent faire voyager la nuit leurs troupeaux pour éviter la chaleur. Ils sont en état de fraude pourvu qu'une commune à octroi se trouve sur leur passage. L'année dernière, l'un d'eux, entre Rive-de-Gier et Saint-Etienne, obligé de traverser huit octrois, fut frappé de procès. On voit des charrettes obligées de demeurer la nuit à la barrière, quoiqu'elles soient arrivées quelques minutes après la fermeture des bureaux ! C'est d'un ridicule barbare, que fait mieux ressortir le chemin de fer qui, à côté, passe et fait traverser toutes ces douanes aux objets qui, voyageant sur la route, sont arrêtés à chaque octroi ! »

(1) 17 décembre 1889. — Rapport à la Chambre par M. Yves Guyot.

On ne peut blâmer d'ailleurs les employés de l'octroi, ils ne font qu'appliquer les règlements. Sans doute les règlements sont d'une grande sévérité, mais cette sévérité même est nécessaire pour assurer la rentrée de l'impôt. Pour effectuer la perception des droits aux portes des communes, il faut une surveillance de tous les instants ; pour empêcher la fraude, il est nécessaire de disposer d'une pénalité sévère et de moyens d'inquisition énergiques, il est nécessaire aussi, pour stimuler le zèle des employés de les intéresser aux produits des amendes. L'administration de l'octroi ne saurait être rendue responsable de tous les ennuis imposés aux contribuables, si elle les opprime, c'est la nature même de l'octroi qui l'exige et on ne peut la blâmer.

*2°. — Fraudes et falsifications.*

Du désir de se soustraire à ces mesures vexatoires ou d'éviter des droits élevés, naît la pratique de la fraude et de la falsification des denrées.

Le commerçant honnête supporte les inconvénients des précautions prises contre le fraudeur ; pour éviter une perte de temps précieux, pour ne pas voir leurs affaires bouleversées, beaucoup d'honnêtes gens n'hésitent pas à oublier de déclarer quelques objets imposables, placés dans leurs malles ou leurs voitures. A ces faits on ne saurait attacher une grande importance. Mais à côté des négociants consciencieux, il y a dans la même ville ceux qui se livrent sans scrupule à la fraude, trouvant le moyen de s'enrichir en éludant l'impôt et plaçant leurs concurrents dans un état d'infériorité manifeste. Ces derniers se trouvent dans cette alternative, ou de perdre leur clientèle, ou de frauder aussi ; ils sont ainsi amenés, presque malgré eux, par la force des choses, par les exigences de la vie ou de la concurrence commerciale à devenir fraudeurs.

Sans doute de nombreuses mesures ont été prises par l'administration pour empêcher la fraude, c'est ainsi que l'article 42 de la loi du 18 avril 1816 permet d'imposer tous les objets de consommation locale sans restriction, alors qu'autrefois l'octroi était limité à la partie agglomérée des villes que l'article 152 de la même loi porte que : « des perceptions pourront être établies dans les banlieues, autour des grandes villes, afin de restreindre la fraude. » Malgré les lois, malgré la surveillance très rigoureuse des agents, l'ingéniosité des fraudeurs a triomphé de tous les obstacles.

Une conséquence plus grave de la prime donnée à la fraude, c'est la falsification des denrées. Il ne s'agit plus ici de quelques individualités, c'est la santé de tous les habitants des villes sujettes à des droits d'octroi élevés qui est en jeu. C'est une tentation très grande pour le commerçant de tirer profit, par une falsification habile de la marchandise à l'intérieur des villes, non seulement de la différence entre le prix de la denrée naturelle et le prix de celle qu'il a pu fabriquer par des procédés économiques, mais encore de tout le montant de la taxe d'octroi à laquelle s'ajoute souvent le droit d'entrée au profit de l'état. Le gain peut-être considérable et bien fait pour tenter des gens peu scrupuleux, presque certains de l'impunité.

A Paris, à cause des droits élevés, qu'il paye à l'entrée, c'est surtout le vin qui est l'objet de ces falsifications ; sans parler des liquides qui n'ont du vin que le nom et qui sont falsifiés à l'intérieur de la ville, la fraude s'exerce librement sur les vins qui viennent du dehors.

« Ces vins sont introduits dans les villes et notamment à Paris, après avoir reçu une addition d'alcool ; on arrive ainsi à livrer aux détaillants des produits qui contiennent une proportion de 12 à 15° d'alcool. Mais le vin n'est vendu au consommateur qu'à un degré inférieur et il subit impunément une addition d'eau vendue comme vin. M. Tassin, dans un rapport présenté au Corps législatif dans la séance du 9 juin 1870, estimait à plus de six millions le montant des droits dont on privait ainsi chaque année la ville de Paris. N'y a-t-il pas là une cause de démoralisation pour tous ? et le consommateur qui connait ces faits peut-il sérieusement respecter une législation qui les tolère et se déclare impuissante à les empêcher ? Le législateur qui doit se préoccuper des intérêts de l'hygiène et de la santé publique ne doit-il pas combattre de semblables abus, et s'il ne peut les détruire par un autre moyen, ne doit-il pas supprimer l'impôt qui leur donne naissance ? » (1).

On a publié souvent l'énumération des sophistications

_______

(1) P. Deloynes. — *Les Octrois et les budgets municipaux.*

(Chamberet)                                      2

dont se rendent coupables les différents détaillants, épiciers, débitants de vins et en général tous les marchands de denrées ou de comestibles. Le Laboratoire municipal fait connaître périodiquement le résultat de ses analyses, et l'on est forcé de reconnaitre les conséquences dangereuses que peuvent avoir sur la santé publique l'usage de ces produits falsifiés. Aussi M. Lyonnais a-t-il pu dire, le 9 février 1899, à la Chambre des députés :

« La mortalité considérable que l'on observe chez les enfants dans les grandes villes provient en grande partie de falsifications que les taxes odieuses de l'octroi rendent, je ne dirai pas nécessaires, mais explicables pour les malheureux qui se rendent coupables. »

### 3°. — *L'octroi est un impôt onéreux.*

Tout impôt, a dit, Adam Smith, doit être conçu de manière à ce qu'il fasse sortir des mains du peuple le moins d'argent possible au delà de ce qui entre dans le trésor de l'Etat.

Ce principe est incontestable, l'impôt subvenant aux frais de la société, toute dépense non employée à satisfaire des besoins publics est une perte pour le contribuable et pour l'État, et n'est plus justifiée.

Or, de la difficulté que présente le recouvrement des droits d'octroi, découle tout naturellement des frais de perception exagérés. Aucun impôt n'est aussi cher à percevoir et ne présente de si grandes inégalités dans les frais de recouvrement.

Les statistiques à cet égard sont instructives. Si nous considérons d'abord les octrois perçus directement par les communes, nous trouvons : (1).

54 communes payant plus de 3o °/₀ pour la perception de leurs recettes.

| | | | |
|---|---|---|---|
| 24 | — | — | 3o à 25 °/₀ |
| 77 | — | — | 25 à 20 °/₀ |
| 25o | — | — | 20 à 15 °/₀ |
| 4oo | — | — | 15 à 11 °/₀ |
| 367 | — | — | 12 °/₀ et au-dessous. |

Quant aux octrois affermés, il est difficile de déterminer le taux des frais de perception, parce que les fermiers dissimulent presque toujours les recettes, afin d'obtenir des renouvellements de baux à des conditions avantageuses.

« C'est ainsi que le fermier de l'octroi de Limoux (Aude) qui verse à la commune une somme de 62.210 fr. montant du bail, ci.............................. 62.210 » déclare pour 1880 une recette de 67.650 fr. et

il évalue à .......... .............. 10.900 »

les frais de perception.

La dépense serait donc de... ............ 73.110 »

et dépasserait de 6.295 fr. les encaissements déclarés.

En 1884, le nombre des octrois en ferme était de 421, en 1892 il était encore de 392 et le produit des adjudica-

(1) Rapport relatif à la suppression des octrois, par M. Guillemet, 7 avril 1892.

tions atteignait le chiffre de 4.323.013 fr. ; d'après un tableau des octrois en ferme communiqué par l'administration en 1892 sur ces 392 octrois, 175 avait donné aux adjudicataires, un déficit, dans 133 octrois le premier n'ayant même pas encaissé le prix de ferme et dans 42 autres ce prix étant inférieur au produit net.

Pourtant le plus souvent les mêmes fermiers renouvellent leur traité, ce qui démontre péremptoirement les abus auxquels donne lieu ce régime.

Toutes les précautions prises pour éviter les dissimulations de recettes restent illusoires ; bien que soumis au double contrôle des agents des contributions indirectes et de l'autorité municipale il est fort difficile de constater les malversations.

« Il est avéré que le fermier n'inscrit pas la totalité des recettes qu'il encaisse et qu'il arrive à tromper la vigilance des inspecteurs par des procédés bien connus des agents de contrôle et contre lesquels il ne semble pas y avoir de remède efficace (1) ».

Le système de la ferme des octrois est donc détestable et l'on peut affirmer qu'il revient encore plus cher au contribuable que la régie, le rapport fait par M. Bardoux au nom de la commission chargée d'examiner la proposition de loi adoptée par la Chambre des Députés, relative à la suppression des Octrois, concluait en ces termes :

(1) Ministère de l'Intérieur, note statistique sur la situation des octrois.

« Si l'établissement de taxes locales de consommation peut se justifier lorsqu'il est démontré que les communes ne sont pas en mesure d'équilibrer leurs budgets autrement qu'en recourant à l'octroi, les taxes qu'on impose ainsi aux habitants doivent être au moins strictement limitées aux besoins dûment constatés. Or, il est à peine nécessaire de faire remarquer que le mode d'administration de la ferme viole manifestement ce principe, puisque la commune ne retire de l'octroi en ferme, pour parer aux dépenses budgétaires, que le prix du bail, et que néanmoins les habitants sont encore taxés pour permettre au fermier de couvrir les frais de l'exploitation et de réaliser un bénéfice. »

Quelque soit le mode d'établissement de l'octroi, il nécessite toujours des frais de recouvrement très élevés, le seul remède qui paraisse pouvoir être apporté, c'est la suppression d'un régime qui par sa nature même entraîne une série de mesures couteuses et souvent nullement en rapport avec les produits à en retirer ; sans être pourtant toujours en raison inverse du produit brut.

La plus grande diversité règne en effet dans les frais de perception d'octrois de même importance voici un tableau qui rend compte d'écarts considérables :

| VILLES. | PRODUITS de l'octroi. | FRAIS. |
|---|---|---|
| Neuilly | 535.886.,, | 7,8 0/0 |
| Bourges | 519.669.,, | 14,6 0/0 |
| Aix | 431.044.,, | 18,5 |
| Carcassonne | 409.093.,, | 10 |

| | | |
|---|---:|---:|
| Narbonne . . . . . . . . . . . . . | 369.668.,, | 15,6 |
| Pantin . . . . . . . . . . . . . . | 369.010.,, | 10,7 |
| Saint-Ouen . . . . . . . . . . | 330.771.,, | 11,5 |
| Nevers . . . . . . . . . . . . . | 323.063.,, | 17 |
| Lunéville . . . . . . . . . . . | 318.931.,, | 8,9 |
| Fontainebleau. . . . . . . . . | 286.244.,, | 7,2 |
| Moulins . . . . . . . . . . . . . | 286.187.,, | 16,6 |
| Libourne . . , . . . . . . . . . | 236.395.,, | 18.5 |
| Saint-Brieuc . . . . . . . . . . | 232.273.,, | 7,5 |
| Saint-Maur. . . . . . . . . . . | 168.699.,, | 9,7 |
| Rodez. . . . . . . . . . . . . . | 167.789.,, | 18 |

On s'expliquerait encore ces différences si elles concordaient au chiffre de la population, à la superficie, à la nature de la ville même ouverte ou fortifiée; mais le tableau suivant nous montre le contraire :

| VILLES. | POPULATION soumise à l'octroi. | SUPERFICIE des villes hectares. | MONTANT des Recettes de l'octroi. | QUOTITÉ pour % des frais. |
|---|---:|---:|---:|---:|
| Cholet. . . . . . | 14.965 | 7.040 | 166.496.,, | 12 |
| Cahors . . . . . | 14.100 | 6.505 | 192.429.,, | 15.8 |
| Compiègne. . . | 13.332 | 5.308 | 271.068.,, | 13.3 |
| St. - Germain - en-Laye. . . . | 13.586 | 4.919 | 320.380.,, | 12 |
| Toulon. . . . . . | 61.239 | 4.267 | 1.261.604.,, | 13.5 |
| Angers . . . . . | 58.480 | 4.196 | 1.286.517.., | 9.2 |
| Nevers . . . . . | 23.846 | 1.520 | 323.063.,, | 17 |
| Tarbes . . . · . | 22.907 | 1.513 | 311.251.,, | 12 |
| Arcachon. . . . | 8.034 | 713 | 174.480.,, | 15.7 |
| Nogent - sur - Marne. . . . . | 9.065 | 699 | 163.720.,, | 10.4 |
| Courbevoie . . | 15.112 | 374 | 207.396.,, | 13.4 |
| Puteaux. . . . . | 15.525 | 331 | 203.709.,, | 10.6 |

| | | | | |
|---|---|---|---|---|
| St-Malo. . . . . | 9.387 | 303 | 181.588.,, | 8.8 |
| Grandville. . . | 9.693 | 268 | 165.115.,, | 10.8 |
| Arras. . . . . . | 21.732 | 1.163 | 465.123.,, | 12 |
| Niort. . . . . . . | 22.079 | 1.154 | 468.831.,, | 13.7 |

Il n'y a donc aucune réforme partielle qui puisse donner de bons résultats, de même que toute société, chaque ville à octroi plus ou moins bien administrée dépense plus ou moins en frais généraux, le conseil municipal décide si le mode de perception sera la régie simple, la régie intéressée, le bail à ferme ou l'abonnement avec la régie des contributions indirectes.

En 1880, les modes de perception des octrois étaient ainsi répartis :

| | |
|---|---|
| Régie simple . . . . . . . . . . . . . | 857 |
| Régie intéressée . . . . . . . . . . | 1 |
| Ferme . . . . . . . . . . . , . . . . . | 400 |
| Gestion par la régie . . . . . . . . | 263 |
| Paris . . . . . . . . . . . . . . . . . . | 1 |
| Banlieue . . . . . . . . . . . . . . . | 1 |

Abstraction faite des octrois en ferme dont les frais de perception ne peuvent être connus exactement mais qui nous venons de le dire sont un déplorable système, abstraction faite de la ville de Paris qui ayant une enceinte fortifiée peu accessible à la fraude peut assurer dans de bonnes conditions économiques le recouvrement de ses taxes de consommation (5 % environ), les frais de perception des octrois départementaux atteignent une moyenne de 12 % alors que la perception par l'Etat des impôts indirects correspond au taux de 7 % seulement pour les douanes, et, de 4 % pour les contributions indirectes proprement dites.

Il y a donc une perte moyenne considérable de près de 8 % faite par le contribuables et sans profit pour personne. C'est encore une atteinte à la richesse du pays et à sa puissance de production.

### III. — Avantages des octrois

On a adressé aux octrois bien d'autres reproches. Ses adversaires l'accablent de tant de griefs que l'on est en droit de se demander comment un système si condamnable a pu subsister jusqu'à nos jours.

De même que tout impôt de consommation, l'octroi est accusé de n'être pas proportionnel aux facultés, mais aux besoins des contribuables ; parce qu'il frappe également et injustement d'une taxe égale les familles où le nécessaire est tout et les familles riches dont le nécessaire ne représente pas le dixième de la dépense.

On le montre frappant les contribuables sans tenir compte de leurs ressources, prélevant une taxe relativement plus faible sur les objets de luxe que sur les objets de première nécessité. On va jusqu'à dire que la classe ouvrière, par la nature de ses travaux est obligée de consommer plus de viande et de vin que la classe aisée, et l'on ne tient pas compte des dépenses de cette dernière pour l'entretien de son personnel et de sa domesticité. On fait des statistiques, on établit des moyennes et avec des chiffres irréfutables, on aboutit à des conclusions que la matérialité des faits démontre pourtant fausses. On ne saurait en effet affirmer que les droits d'octroi sont des impôts de capitation ou même mieux des impôts progressifs à rebours.

Chaque habitant ne paye pas exactement la même somme en taxes indirectes. Indépendamment du plus ou moins grand luxe de chaque contribuable, qui entraîne à sa suite tout un cortége de dépenses accessoires sur lesquelles le fisc prélève sa part, l'incidence des impôts indirects est d'une appréciation trop délicate pour être traduite en chiffres certains. Ricardo a bien dit : « Tout impôt qui porte sur les choses de nécessité ou de luxe, tant que la valeur de la monnaie reste la même, a toujours pour conséquence d'en hausser le prix d'une somme au moins égale à celle de l'impôt », mais quel est l'impôt qui n'aboutisse pas à un pareil résultat? Qu'il soit direct ou indirect et quelle que soit la personne qui doive le subir, l'impôt a toujours pour résultat d'enchérir le coût de la vie par une augmentation de prix pour le consommateur ou par une moindre rémunération pour le producteur ou le commerçant. Si par le fait seul d'un renchérissement de denrée, tout impôt indirect devait être écarté, que ne supprime-t-on toute contribution? Les impôts sur le sol les premiers peuvent encourir ce même reproche.

En fait, « le règlement entre les contribuables est une question de contribution effective ou selon l'expression financière, d'incidence (1) ». La répartition définitive

(1) *Économie Politique.* M. Cauwès, professeur à la Faculté de Droit de Paris.

diffère de la répartition apparente ; la répercussion des taxes indirectes sur les objects de première nécessité est difficile à établir ; l'intermédiaire faisant souvent porter totalement ou en partie sur les marchandises de première qualité seules, les droits perçus sur l'ensemble des produits qu'il achète.

« Diminuer l'impôt indirect pour augmenter l'impôt direct, a dit M. Thiers, n'est pas un moyen aussi assuré qu'on l'imagine d'améliorer le sort des classes pauvres aux dépens des classes riches. Ce résultat on ne le peut trouver que dans un équilibre savant maintenu avec courage. Si même on connaissait les vrais effets de l'impôt, on saurait que si, en définitive, l'impôt direct, comme l'impôt indirect, se résolvent en une augmentation du prix des choses ; le premier est le plus incommode de tous, puisqu'il va chercher le contribuable pour exiger, à tel jour, à telle heure, une somme que celui-ci n'a pas eu la précaution de mettre de côté, tandis que le second, confondu dans le prix de tout ce qui s'achète, se paye insensiblement, à mesure des consommations, et que le contribuable ne mange, ne boit pas une fois, ne porte pas un vêtement, qu'il ne soit forcé d'acquitter une de ces contributions, sans le vouloir, sans le savoir. Aussi les populations, seulement en cédant à leur propre impulsion, n'hésitent-elles jamais à préférer l'un à l'autre de ces impôts. Dans presque toutes les grandes villes, en effet, on demande à convertir la contribution personnelle et mobilière en octrois. Insupportable sous forme d'impôt direct, cette somme devient insensible sous forme d'impôt indirect. »

L'impôt indirect par sa nature même est le moins sensible des impôts, celui qu'on paie sans s'en apercevoir; il permet d'atteindre les petites fortunes, difficilement touchées par l'impôt direct, il fait payer à chacun une part qui se justifie par les avantages que tout citoyen retire des services publics, les moins imposés en retirent souvent tout autant, si non plus. Il est perçu suivant le mode qui est le plus commode pour le contribuable, et il permet de pouvoir lever les plus grosses sommes sans être pour lui un trop lourd fardeau. Car c'est la forme de l'impôt qui en détermine généralement le poids : Ainsi, l'impôt personnel de 1,50 sera plus difficilement supporté que l'impôt sur le sel; pourtant ce dernier frappera plus lourdement un père de famille (1); mais l'impôt se confond avec le prix du sel, il est perçu lors de chaque achat d'une façon insensible.

Il est le moins arbitraire des impôts car il est perçu en vertu d'un tarif à l'occasion d'un fait certain, il est conforme à la règle d'Adam Smith qui dit que les taxes doivent être claires et non arbitraires.

Ici, pas d'appréciations de répartiteurs plus ou moins impartiaux ; l'application d'un tarif uniforme assure à chacun l'intégrité de ses droits. — Qu'il provoque quelques vexations, sans doute, et nous avons vu tous les ennuis qu'il peut occasionner lorsqu'il est localisé; mais lorsqu'il est perçu comme taxe générale, il devient plus facile à per-

(1) L'impôt sur le sel rapporte plus de 30 millions : savoir, 22.443.000 fr. perçus par l'administration des douanes, et 11.213.000 perçus par l'administration des contributions indirectes.

cevoir, ce n'est plus qu'une charge, restreinte à l'industriel ou au fabricant, qui traite les marchandises soumises à la taxe. La situation commerciale de ces contribuables leur permet de supporter assez facilement l'ingérence de la régie.

C'est à cette qualité des taxes indirectes d'être toujours supportées facilement par le contribuable, que les octrois ont dû leur conservation, cette qualité couvrant tous les défauts de ces derniers.

L'impôt indirect qui devient l'idéal du parfait impôt lorsqu'il ne frappe pas les produits nécessaires à la vie, ne tire sa justification en matière d'octroi que par cette raison. C'est elle qui a fait subsister le régime de l'octroi malgré les attaques continuelles dont il était l'objet, c'est elle qui a empêché toute réforme d'aboutir ; par l'impossibilité matérielle de remplacer trois cent vingt millions d'impôts indirects par trois cent vingt millions d'impôts directs.

Les partisans de l'Octroi ont donc raison de dire avec Montesquieu : « les droits sur les marchandises sont ceux que les peuples sentent le moins, parce qu'on ne leur fait pas une demande formelle. Ils peuvent être si sagement ménagés que le peuple ignorera presque qu'il les paie » mais cet argument, tout en faveur de l'impôt indirect en général, ne justifie pas les taxes locales indirectes et la nécessité des barrières. Cette opinion est juste pour une taxe légère en rapport avec la valeur de la marchandise qui y est soumise ; mais lorsque certains droits d'octroi s'ajoutant à ceux déjà perçus par l'Etat viennent presque doubler le prix de revient de tel ou tel produit, il devient inexact de dire que le contribuable ne s'en aperçoit pas, parce que le producteur ou l'intermédiaire en a acquitté le montant, il est vrai seulement qu'aucun impôt aussi lourd ne saurait être supporté aussi facilement s'il ne revêtait cette forme indirecte.

Il faut en effet que les taxes n'excèdent nulle part les limites auxquelles elles peuvent être portées sans nuire essentiellement à la consommation, et par conséquent à la production ; mais si les taxes au contraire sont exagérées, « si les taxes locales sont tolérées ensuite sur la même matière, l'équilibre est aussitôt dérangé et toutes les combinaisons faussées. En vain, dirait-on, que ce sont les consommateurs qui s'imposent volontairement ; il ne s'agit pas seulement de mesurer les charges des contribuables, il s'agit de défendre aussi les intérêts du producteur et de mettre le revenu public hors d'atteinte. Or, ces sortes de taxes peuvent, dans certaines localités, devenir prohibitives, ou tout au moins repousser un objet recueilli au loin au profit d'une production analogue du pays, comme le vin, par exemple, dans les lieux où le cidre ou la bière forment la boisson habituelle ; et dans ce cas les octrois, en circonscrivant en quelque sorte, les limites de la consommation, peuvent dégénérer en une sorte de ligne de douanes intérieures, au grand détriment de la richesse publique.

Il semble permis de poser en principe qu'un objet de consommation soumis à l'impôt indirect au profit de l'Etat ne peut plus être taxé au profit des communes ; que l'impôt général est exclusif de l'impôt local. » (1)

Excellents lorsqu'ils sont perçus au profit de l'Etat, les impôts indirects deviennent détestables quand ils sont établis par les communes.

### IV. — Arguments des partisans du maintien de l'octroi.

Enfin, il nous reste à réfuter un autre argument des défenseurs de l'octroi.

L'Octroi, disent-ils, n'a pas d'influence sur la consommation, ce ne seront ni les consommateurs, ni les producteurs qui profiteront de sa suppression, mais seulement les intermédiaires.

En 1870, M. Bertauld dans son rapport au Conseil municipal de Caen disait : « quelle que soit l'opinion qu'on professe sur l'incidence de l'impôt d'octroi, qu'on le fasse peser sur le consommateur ou sur le producteur, ni l'un ni l'autre ne profiteront de la suppression des droits : l'intermédiaire seul doublera ses profits. »

Cette objection est sérieuse car elle présente une part de vérité ; il est certain que pour qu'un dégrèvement d'impôt ait un effet utile, il faut qu'il porte sur des chiffres importants, sinon il est très probable qu'il ne profitera qu'aux intermédiaires. Aussi la réforme, pour être sérieuse doit être complète, une fois la suppression totale de l'octroi

_____

(1) Rapport adressé au roi, 15 mars 1830, par le comte de Chabrol, ministre des finances.

obtenue, il est difficile d'admettre que les marchands puis-
sent maintenir leurs prix au taux ancien. Il est vrai qu'on
nous objecte qu'en 1848, lorsque le gouvernement supprima
les droits sur la viande, une coalition des bouchers empê-
cha le consommateur de ressentir l'effet de cette mesure.
Mais en 1848 la boucherie était aux mains d'une corpor-
ration fermée et ceux qui s'inspirent de ces faits pour
déclarer l'épreuve faite et la question vidée oublient qu'aujourd'hui la liberté du commerce en assurant la concurrence
ferait descendre les prix à leur taux normal, toute coalition
ne saurait durer car les défections se produiraient et la
hausse momentanée qui aurait pu être produite ne tiendrait
pas longtemps le consommateur.

La Belgique d'ailleurs nous offre un exemple probant
depuis 1860.

« Pendant la première année qui a suivi l'abolition des
octrois quel est le résultat que nous constatons ? Le prix de la
viande est maintenu au même niveau, pourquoi ? parce que
le boucher a essayé de garder pour lui le bénéfice de la
suppression de la taxe. Mais Bruxelles ne compte pas qu'un
seul boucher, il y en a plusieurs, et alors, avec cet instinct
commercial qui s'appelle la concurrence, des bouchers,
pour détourner la clientèle à leur profit, ont baissé les
prix. Les vieux bouchers, ceux qui étaient bien établis, ont
résisté pendant longtemps ; mais voyant la clientèle les
abandonner, ils ont à leur tour diminué leurs prix. Ils sont
même allé plus loin, il s'est produit une concurrence d'abaissement des prix ; de sorte que la ligne du graphique, qui est

restée horizontale pendant la première année, baisse pendant la seconde, continue à baisser pendant la troisième année et ne s'arrête qu'à un certain étiage, à la limite à laquelle il fallait nécessairement, à moins de vendre à perte, s'arrêter dans la concurrence à la baisse. »

Le bourgmestre de Bruxelles, dans une lettre insérée dans les rapports de l'enquête agricole de 1869, tient ce langage :

« Une réduction réelle de prix sur plusieurs objets détaxés a suivi l'abolition des octrois. Il est résulté d'une enquête sommaire faite à ce sujet, au commencement de 1861, qu'une diminution était accordée aux consommateurs par beaucoup de marchands, notamment dans les villes de Gand, Verviers, Bruxelles, Liége, Termonde, Malines, Spa, Saint-Nicolas, Renain, Saint-Trond, Courtrai, Bruges, etc... sur des objets qui étaient soumis à une taxe assez élevée pour être appréciable, eu égard aux quantités qu'on achète habituellement à la fois ; des marchands annonçaient même cette réduction pour attirer des chalands.

« Pour plusieurs villes citées ci-dessus, le fait a été confirmé des renseignements émanés des administrations locales. Si les investigations avaient été poussées plus loin, il est probable qu'un grand nombre d'exemples pourraient être donnés. »

M. Yves Guyot, qui s'est livré à une enquête en envoyant des questionnaires à un certain nombre d'épiciers de Paris, Bordeaux, Nancy, Rennes, etc... et en leur demandant le prix du savon avant la loi du 26 mars 1878 qui a supprimé le droit de 5 francs, a reçu des réponses qui prouvent que la diminution des prix a été supérieure à la détaxe.

Ainsi à Bordeaux, le prix du savon était de 80 francs les 100 kilos ; après il est descendu à 60 francs, à Rouen avant 85 à 90 francs ; après 70 à 75 francs, avant à Nancy 85 francs ; après 75 francs ; à Paris avant 80 à 85 francs ; 60 francs, après.

Pour la chicorée avant la loi du 22 décembre 1878 diminuant la taux de cette denrée de 30 francs, le prix était de 120 francs, après il est de 80 francs.

Pour les huiles, la loi du 22 décembre 1878 n'a pas été appliqué à Paris, mais à Bordeaux le prix était de 200 francs, avant, il est de 160 francs, après, etc., etc.

M. Yves Guyot fait remarquer ensuite qu'il est difficile de nier l'influence, au point de vue de la consommation des marchandises d'une diminution de taxes.

« Il y a dit-il, un fait général qui se produit dans tous les pays civilisés : c'est la variation du taux de l'escompte. Quand une banque veut défendre son encaisse, que fait-elle ? il lui suffit d'augmenter de 1 ou de 1/2 pour cent le tarif de son escompte pour qu'immédiatement les affaires soient paralysées et arrêtées. Et vous prétendriez qu'une taxe qui va de 15 à 20 et même 30 pour 100 du prix de certains objets n'a pas d'influence sur la consommation de ces objets, qu'elle ne les arrête pas aux portes de la ville, à l'entrée de la commune, qu'elle n'en restreint pas la consommation ? Mais alors que faites-vous quand vous faites de la protection ? Efficaces à la frontière, les taxes arrêtant la circulation seraient inefficaces à l'intérieur? Dites-vous aussi que les prix de transport sont indifférents (1)? »

On ne saurait en effet se prévaloir de ce que la réduction de prix n'a pas été générale et immédiate, pour nier l'influence qu'a dû exercer à cet égard la suppression des tarifs d'octroi.

Lorsqu'un impôt de consommation est supprimé (2), on conçoit très bien que, dans les premiers temps, les producteurs cherchent à maintenir les anciens prix, en s'appropriant l'équivalent de la taxe abolie. Mais par l'effet naturel de la libre concurrence, cet état de choses ne peut évidemment durer, car il se trouve toujours un marchand qui préfère gagner un peu moins sur la même quantité de marchandises, et en vendre le double ou le triple; puis un autre en fait autant et successivement l'équilibre se rétablit au profit du consommateur. Si pendant cette période de transition, il survient une circonstance, telle que le renchérissement persistant des denrées alimentaires, qui réagit sur le prix de la plupart des choses, l'effet de la concurrence dont on vient de parler ne se produit pas moins ; seulement il n'est pas aussi apparent, ou plutôt il agit d'une autre manière, car au lieu d'abaisser le prix des objets dégrevés d'impôt, il empêche qu'il ne s'élève, ou tout au moins, il en atténue l'accroissement.

---

(1) *Journal Officiel* du 27 février 1889. Discours de M. le Ministre des Travaux publics.

(2) Rapport déposé à l'appui du budget des recettes et des dépenses pour ordre de l'année 1863, par M. Frère-Orban.

De même la concurrence a parfois pour effet de déterminer une amélioration dans la qualité des objets. Dans ce
cas il y a évidemment profit pour le consommateur, bien
que le prix de vente n'ait pas diminué.

Pour apprécier l'influence de la suppression des octrois
sur le prix des objers détaxés, il faudrait pouvoir faire la
part exacte de toutes les causes générales et particulières
qui modifient sans cesse le prix des choses, et parmi lesquelles l'impôt ne figure le plus souvent que comme un
élément secondaire ; il faudrait pouvoir évaluer en argent
l'effet de ces causes, et alors seulement il serait possible
de savoir pour quelle somme y entrent les droits supprimés.
Or, pour la plupart des objets de grande consommation
qui étaient frappés de taxes communales, il est absolument
impossible de déterminer, même approximativement, le
taux de la hausse ou de la baisse de prix dû à des circonstances autres que la suppression des octrois, telle que
l'abondance de l'offre ou de la demande, l'élévation du
prix de revient, l'activité du commerce d'exportation, etc... ;
partant, on ne peut tirer induction utile du prix de vente
des denrées pour apprécier l'influence du nouveau régime
à cet égard ».

Ce qu'on ne peut se refuser à admettre, c'est que, pour
les objets dégrevés, la concurrence doit avoir pour effet,
dans un temps donné, de faire bénéficier l'acheteur du
montant de la détaxe, soit que le prix monte ou descende
par suite de circonstances générales ou locales. Que cet
effet ne se manifeste pas, on ne saurait en déduire qu'il

n'existe pas, attendu qu'il agit tout aussi bien en atténuant la hausse qu'en produisant la baisse.

Il est d'ailleurs tout une catégorie de droit d'octroi dont la suppression profitera immédiatement aux consommateurs; ce sont ceux qui atteignent les objets dont on s'approvisionne directement à l'extérieur des villes.

Mais la suppression des octrois ne sera pas seulement profitable aux consommateurs, le producteur aussi y trouvera une grande source de bénéfices. Tout ce qui nuit au développement du marché intérieur, tout ce qui vient surcharger ou augmenter les frais de production, tout cela nuit à la production en restreignant la consommation.

On recherche des débouchés au dehors, combien n'est-il pas plus important d'établir la liberté du commerce intérieur ? Le principal marché pour tous les produits d'un pays n'est-il pas encore son propre marché? On ne saurait en tous cas méconnaître qu'il est le plus important pour la première et la plus considérable des industries, pour l'industrie agricole.

Sans insister davantage sur les inconvénients et les avantages de l'octroi, il nous apparait que les impôts d'octroi sont très onéreux, qu'ils favorisent la sophistication des denrées, qu'ils sont une cause de vexations de tout genre et d'entraves de toute espèce, en contradiction avec les lois de l'économie politique, préjudiciables à la production agricole et nuisibles à l'industrie et au commerce. Tout le monde reconnaît ces vices des octrois, les partisans mêmes de ce système ne peuvent faire autrement

que d'en constater les funestes conséquences économiques.
Sans doute, disent-ils, l'octroi comme tout impôt a de nombreux inconvénients, mais il a aussi des avantages et
parmi ceux-ci, le plus considérable est de permettre aux
communes de faire face à leur nombreuses dépenses.

Les communes trouvent dans l'octroi plus de 300 millions de ressources ; il ne peut être question de les supprimer ; on ne saurait parler de diminution mais de
déplacement de charges. Il s'agit donc de trouver un système meilleur que l'octroi, d'un rendement aussi sûr et
qui, se conformant aux règles d'équité en matière d'impôt,
soit supporté facilement par le contribuable.

La question ramenée à ces termes nous porte à examiner si parmi les systèmes proposés, il s'en trouve qui
répondent à notre organisation politique et financière et
qui, prenant utilement, au point de vue fiscal, la place
d'un système justement condamné, échappent à d'aussi
fortes objections économiques.

V. — Tentatives de suppression et de réforme des octrois.

Avant d'entrer dans l'examen des différents projets qui
ont été émis pour la suppression des octrois, il importe de
rappeler les tentatives qui, depuis la révolution, ont été
faites dans ce but, sans pouvoir aboutir, elles sont en
effet un enseignement pour l'avenir : elles démontrent la
nécessité de l'intervention de l'Etat dans un problème qui
intéresse la population entière de la France et l'impossi-

bilité d'abolir ces taxes décriées sans avoir préalablement assuré des ressources équivalentes aux communes à octroi.

Un rapide aperçu historique nous permettra d'apprécier les effets des tentatives essayées et d'en préciser le caractère.

En 1791, sous l'influence des idées de Quesnay et des physiocrates, l'octroi, ainsi que toutes les impositions directes furent décrétés abolis par la disposition de loi suivante des 19 et 25 janvier 1791 : « L'Assemblée nationale décrète que tous les impôts perçus à l'entrée des villes, bourgs et villages sont supprimés..... charge son comité des impositions de lui présenter sous huit jours au plus tard, les projets qui complèteront le remplacement des impôts supprimés. »

Indépendamment des idées courantes sur la terre, constituant l'unique source de richesses, comme procurant à son possesseur « un produit net », et sur les impôts qui devaient en conséquence être ramenés à un type unique qui pèserait sur la propriété (1) foncière il y avait le fait

---

(1) La terre étant la seule source de richesses doit seul supporter l'impôt d'après les physiocrates, mais encore est-il nécessaire de faire plusieurs distinctions. — Si on considère d'abord l'ensemble des choses utiles que procure l'exploitation d'une terre, c'est-à-dire le produit brut, on y trouve deux parties bien distinctes : l'une qui sert à indemniser le cultivateur, l'autre qui reste — cette indemnité une fois payée — à la disposition du propriétaire.

Or, pour que le cultivateur : 1° ne perde pas dans l'exploitation ; 2° puisse la renouveler au cours des années suivantes, les mauvai-

matériel des exactions des agents de l'ancien régime et des abus en résultant qui rendait l'impôt impopulaire. De l'obscurité des règlements et de la multiplicité des tarifs qui variaient non seulement de villes à villes, mais encore de personnes à personnes naissaient les pratiques les plus détestables.

En 1772, Turgot le constatait en ces termes : « Les tarifs ont le défaut d'être conçus en termes vagues et incertains. On est presque toujours obligé de les interpréter par des usages qui varient suivant que les fermiers sont plus ou moins avisés, les officiers municipaux plus ou moins négli-gents. » La facilité qu'avaient les communes de modifier les tarifs avec la simple approbation du roi ou de son Conseil en entraînait la surélévation. A toute demande de sub-sides de l'autorité royale, à tout don gratuit, don de ma-riage, don de joyeux avènement, correspondait une aug-

ses comprises; — il faut qu'il trouve dans ce qu'il reçoit des reve-nus : d'abord de quoi se nourrir, lui et sa famille, ensuite le rem-boursement de ses avances, enfin les fonds nécessaires à l'exploi-tation ultérieure. Sans quoi, faute de capitaux, la culture s'arrêtera et la source de richesses se tarira aussitôt. L'Etat ne devra donc rien réclamer à ces divers éléments ; mais il lèvera l'impôt sur ce qui reste, ce qui est payé au propriétaire sous forme de fer-mage, ce qui constitue le produit net ou la rente territoriale. Le produit net ou le surplus du revenu que produit la terre, les frais de culture une fois défalqués, constitue la part disponible de la richesse, part avec laquelle sont payées les dépenses de l'Etat et rétribuées toutes les autres industries.

L'impôt indirect est condamnable en ce qu'il fait peser les char-ges publiques sur les artisans qui ne produisent rien. Le seul im-pôt rationnel est l'impôt direct avec le produit net pour base.

mentation des taxes perçues au profit des villes (1), pour compenser la dépense.

Les taxes étaient extrêmement lourdes et pesaient surtout sur les classes pauvres, car presque toujours le clergé et la noblesse en étaient affranchis.

Aussi, poussée par l'opinion publique, après avoir essayé de gagner quelque temps, la Constituante supprima les octrois, repoussant tout projet de refonte de ces droits que le député Dauchy attaqua énergiquement en ces termes à la tribune : « Vous voulez, disait-il que le royaume soit un, mais vous ne pensez pas que la conséquence de cette belle idée, c'est que la circulation des denrées soit libre ? Ou rétablissez tout à fait les cloisons, les traites, les barrières que vos décrets ont fait tomber, aux applaudissements de la France entière, ou bien faites qu'il n'en reste point de traces. »

Le seul tort de la Constituante fut de supprimer ces taxes décriées sans donner aux communes des revenus équivalents. Les villes étaient bien autorisées à percevoir une part sur l'impôt des patentes (2) et à solliciter des directoires de district la création de centimes additionnels, à l'impôt foncier et à la contribution mobilière (3) mais le

---

(1) Bateau, Les villes sous l'ancien régime : Le don de joyeux avènement demandé par Louis XV, en 1723 consistait en une somme égale au 1/4 du revenu des octrois et biens patrimoniaux et à la 1/2 des taxes de foires et marchés, à la totalité du produit des usages et des biens communaux.

(2) Créé par décret du 2 mars 1791.

(3) Loi du 29 mars 1791.

produit brut en était totalement insuffisant et la perception très difficile. Les villes, dans l'impossibilité de subvenir à leurs dépenses, les hôpitaux dans la détresse, tel était le résultat d'une réforme insuffisamment mûrie. Aussi l'expérience ne dura-t-elle pas longtemps et l'octroi fut rétabli successivement par les lois des 27 vendémiaire an VII (18 octobre 1798) du 11 frimaire an VII et du 5 ventôse an VIII.

Cependant les critiques dont les octrois avaient été l'objet avant 1789 ont été renouvelées et de nombreuses tentatives de réforme ou de suppression ont été faites.

Le 15 mars 1830, le comte de Chabrol, Ministre des Finances, adressait un rapport au roi, où il proposait l'établissement d'un impôt unique *ad valorem* sur les boissons, et il examinait « s'il ne conviendrait pas d'abandonner le prélèvement du dixième opéré par le Trésor sur les droits d'octroi, dans le cas où les droits d'octroi sur les vins seraient supprimés, afin de faciliter aux communes le remplacement du revenu dont elles seraient privées ».

Le mouvement économique qui se produisit sous la monarchie de Juillet attira l'attention sur les octrois, que beaucoup de publicistes considéraient comme des douanes intérieures et entièrement opposées aux principes du libre-échange.

En 1846, M. de Genoude proposa à la Chambre la suppression des octrois; mais, cette tentative échoua parce que son système de remplacement des taxes communales établissait une nouvelle taxe sur la propriété territoriale déjà surchargée d'impôts.

Puis la Révolution de 1848 éclata et entraîna de même qu'en 1789 une tentative d'abolition. Elle n'eut pas d'ailleurs d'heureux résultats, l'heure n'était pas propice aux grandes réformes fiscales qui demandent pour réussir l'apaisement des passions politiques.

A ce moment, la crise industrielle avait entraîné le chômage des ateliers, des milliers d'ouvriers sans ouvrage étaient employés par les municipalités qui leur assuraient ainsi leurs moyens d'existence ; mais, pour faire face à toutes ces dépenses, les villes ne pouvaient abandonner le produit des octrois qui étaient leurs plus grandes ressources. Aussi le Gouvernement provisoire ne crut pas possible à raison des circonstances d'opérer la suppression complète des octrois.

Plus avisé que l'Assemblée constituante, il préféra ne pas modifier les éléments de recettes des budgets municipaux par une réforme qu'il n'avait pas eu le temps de préparer et d'examiner sérieusement. Il se contenta d'abolir les droits perçus sur la viande de boucherie et sur la charcuterie (1), espérant faire bénéficier la classe ouvrière d'une diminution de prix de ces denrées.

Malheureusement cette réforme partielle ne produisit pas l'abaissement des prix antérieurs, et comme les recettes de la ville baissaient sans profit pour les consommateurs la taxe fut remise en vigueur par une loi du 30 août 1848.

---

(1) Décrets des 18 et 24 avril 1848.

Le 3 décembre 1851, les représentants restés libres au nombre d'une soixantaine, « comprenant la nécessité de s'affirmer par quelque réforme, par une grande amélioration populaire, rendirent le décret suivant sur la proposition de Victor Hugo :

Les représentants restés libres décrètent :

Les octrois sont abolis dans toute l'étendue du territoire de la République. — Fait en séance de permanence, le 3 décembre 1851.

Ce décret qui ne fut même pas affiché ne prévoyait pas d'ailleurs par quoi et comment on les remplacerait.

De ces tentatives de suppression infructueuses on ne saurait tirer un argument pour le maintien du système. C'est en effet par un acte de précipitation ou de colère que les octrois ont été abolis, il n'est pas étonnant qu'ils aient été rétablis d'office pour rétablir l'ordre dans les finances après des périodes de crise. — La question de la suppression des octrois a été trop souvent une question politique, un moyen de popularité facile, alors qu'elle n'aurait jamais dû perdre son caractère exclusivement scientifique.

Depuis 1848 jusqu'à nos jours nombreuses ont été les propositions de lois au sujet des octrois et le problème est encore à résoudre.

En 1851, M. Jorez et Soubre, députés proposèrent l'abolition des octrois à partir du 1er janvier 1852. Leur proposition ne pouvait être adoptée et elle fut repoussée en effet, les auteurs du projet de loi n'ayant pas songé à pourvoir par des impôts d'une autre nature aux besoins des communes. M. Sauteyra renouvela cette proposition en proposant de remplacer les droits d'octroi par des centimes additionnels et un impôt communal sur le revenu ; mais cette proposition ne fut pas plus heureuse que la précédente.

Sous l'empire le Sénat et le Corps législatif furent souvent saisis de la question des octrois, mais aucune proposition ne put aboutir.

En 1865, M. Glais-Bizoin fit un discours au Corps législatif où il concluait à la suppression des octrois. En 1869 il présentait un amendement ainsi conçu :

Art. 1er — A partir du 1er janvier 1870 les droits d'octroi seront abolis dans toutes les villes et communes de France.

Art. 2. — Il sera attribué à chaque commune le montant des impôts suivants :

1° L'impôt personnel mobilier.

2° L'impôt des portes et fenêtres.

3° L'impôt des patentes.

4° L'impôt sur les chiens.

5° Le droit sur les permis de chasse.

Art. 3. — En cas de déficit dans les recettes, par suite de la suppression des droits d'octroi, les villes et communes sont autorisées à voter des centimes additionnels à l'impôt mobilier et des patentes.

Battu dans la session de 1869, M. Glais-Bizoin dont l'abolition des octrois était devenue l'unique préoccupation, revint à la charge en 1870, et comme le droit d'initiative venait d'être rendu aux représentants du pays, il déposa avec M. Crémieux, sur le bureau du Corps Législatif, à la séance du 9 février 1870, une proposition de loi qui différait peu de l'amendement que nous avons cité. On y ajoutait le droit pour les communes d'établir au besoin un impôt sur le revenu, en cas d'insuffisance du produit des trois contributions directes et des centimes additionnels.

Cette proposition, renvoyée à une commission spéciale, fut repoussée. La Commission conclut contre l'abolition des octrois, s'appuyant sur l'impossibilité de pourvoir aux besoins des villes par d'autres ressources que celles dont on demandait la suppression, la situation financière ne permettant pas d'abandonner aux communes les trois contributions directes.

Le Gouvernement impérial ne se désintéressa pas cependant de la question. Le chef de l'État, dans un message lu aux Chambres à l'ouverture de la session de 1869 annonça qu'une enquête serait ordonnée, enquête qui fut en effet prescrite par M. Magne, Ministre des finances ; mais les événements ne permirent pas de la terminer et les éléments de cette enquête disparurent dans l'incendie du ministère des finances.

Les difficultés financières qui furent le résultat de l'invasion prussienne empêchèrent de songer à toute réforme nouvelle, mais dès que l'ordre fut rétabli dans les finances, la question de la suppression des octrois fut posée devant les Chambres.

Le 3 avril 1876, M. Verhnes présentait à la Chambre des députés un projet de loi tendant à supprimer toutes les taxes indirectes sur les boissons ainsi que les droits d'octroi. C'était une somme de 620 millions à remplacer dans laquelle l'octroi ne figurait que pour 220 millions. Il y était pourvu au moyen de l'augmentation de l'impôt foncier, d'un nouvel impôt sur les rentes et de centimes additionnels aux contributions directes. Une telle surchage aurait été difficilement acceptée du contribuable et la proposition n'eut pas de suite.

Le projet de résolution présenté par M. Laroche-Joubert le 17 décembre 1877 avait pour objet la nomination d'une commission de 22 membres pour l'étude des moyens propres à remplacer l'octroi. Un de ces moyens consistait dans un impôt sur la contribution mobilière, ce qui parut insuffisant.

En 1880, M. Menier déposa une proposition de loi prise en considération par la Chambre des députés, puis elle fut renvoyée à la commission des boissons qui n'eut pas le temps de l'examiner.

En 1886, M. Yves Guyot déposa un projet à peu près semblable qui, repris en 1890 par M. Guillaumou et voté en première lecture dans la séance du 11 mars 1889, devint caduc par la fin de la législature.

Enfin, en 1893, saisi de cette même proposition par M. Guillemet, rapporteur, les députés avant de retourner devant leurs électeurs décidèrent que les communes auraient « le droit de remplacer leurs octrois par des taxes directes. » Mais, comme l'a fait remarquer M. Berthélemy, la nouvelle loi n'innovait en rien. « Nulle part et jamais les villes n'avaient eu l'obligation de s'entourer de barrières partout et toujours celles qui avaient créé des octrois avaient gardé la faculté de les supprimer ; il est vrai qu'elles n'usaient pas de cette faculté. — Apparemment parce quelles l'ignoraient, pensaient peut-être les députés. Voter un texte pour le leur rappeler était peu conforme aux usages parlementaires ; on ne fait pas de loi pour rappeler aux gens qu'ils ont tel ou tel droit. On fit donc comme si le droit n'avait pas existé dans le passé et on proclama qu'il existerait pour l'avenir » (1).

Cette loi n'eut donc aucune conséquence, les villes continuèrent à conserver leurs octrois, n'ayant pas le moyen de les supprimer, et, cette situation aurait pu se prolonger si en 1897 devant les incessantes réclamations des électeurs qui accusaient l'octroi de la mévente des vins, la Chambre ne s'était décidée à faire quelque chose de nouveau. « Malheureusement la manifestation fut moins anodine ; elle ne consistait pas à permettre de supprimer quelque chose qu'on n'avait jamais été contraint de garder, on enjoignait aux communes de réduire leurs droits d'octroi, sans leur fournir le moyen d'y substituer de meilleurs impôts » (2). Voici comment s'exprimait la loi du 31 décembre 1897 :

*Loi relative à la suppression des taxes d'octroi sur les boissons hygiéniques du 31 décembre 1897.*

(1-2) M. Berthélemy, *La question des Octrois.*

ARTICLE PREMIER. — Les communes seront autorisées à supprimer leurs droits d'octroi sur les boissons hygiéniques (vins, cidres, poirés, hydromels, bières et eaux minérales) à partir du 31 décembre de l'année qui suivra celle au cours de laquelle la présente loi sera promulguée.

A défaut de la suppression totale, les communes seront obligées d'abaisser les droits existants dans la limite des tarifs prévus à l'art. 2.

ART. 2. — Dans les communes qui continueront à imposer les boissons hygiéniques, les droits ne pourront excéder le tarif suivant :

| Population agglomérée des communes | Vins en cercles et en bouteilles par hectolitre : | Cidres, poirés, hydromels et eaux minérales par hectolitre : |
|---|---|---|
| de moins de 6.000 habitants... | 0,55 | 0,35 |
| de 6.001 à 10.000 ............. | 0,85 | 0,50 |
| de 10.001 à 15.000........... | 1,15 | 0,60 |
| de 15.001 à 20.000........... | 1,40 | 0,85 |
| de 20.001 à 30.000........... | 1,70 | 0,95 |
| de 30.001 à 50.000........... | 2,00 | 1,15 |
| de 50.000 et au dessus ....... | 2,25 | 1,25 |
| Paris ........................ | 4,00 | 1,50 |

En ce qui concerne les bières, le maximum du droit imposable est fixé à 5 fr. sauf dans les départements ci-après : Aisne, Ardennes, Nord, Pas-de-Calais, et Somme, où le maximum ne pourra dépasser 1,50 par hectolitre. Pour les vins titrant plus de 15 degrés il n'est pas dérogé aux dispositions de l'article 3 de la loi du 1er septembre 1871.

ART. 3. — Pour remplacer le produit des taxes supprimées les communes pourront avoir recours aux taxes prévues dans l'article 4 ou demander l'établissement de taxes spéciales dans les conditions spécifiées à l'article 5.

ART. 4. — Les taxes auxquelles les communes peuvent en vertu de l'article précédent, recourir, sous la seule réserve de l'approbation préfectorale, sont les suivantes :

1°. — Elévation du droit sur l'alcool jusqu'au double du droit d'entrée, décimes compris. Pour la ville de Paris, le droit pourra être en addition du droit actuel de 24 fr., augmenté au maximum de quatre-vingt-cinq francs vingt centimes.

Dans les communes d'une population agglomérée inférieure à 4.000 âmes, le tarif d'octroi sur l'alcool ne pourra pas dépasser le maximum applicable aux villes de 4.000 à 6.000 âmes.

Une loi pourra autoriser des taxes supérieures.

2°. — Etablissement à la charge des commerçants de boissons, en addition du droit de licence perçu pour le compte du Trésor, d'une licence municipale composée d'un droit fixe qui pourra comporter deux tarifs suivant que les établissements des commerçants de boissons vendront exclusivement des boissons hygiéniques ou des alcools avec ou sans boissons hygiéniques, et d'un droit proportionnel basé sur la valeur locative de l'ensemble des locaux occupés. Lorsque le commerce des boissons sera exercé cumulativement avec un autre commerce ou industrie, les locaux exclusivement occupés par ce dernier commerce ou cette dernière industrie seront exempts du droit proportionnel. Un règlement d'administration publique déterminera les conditions dans lesquelles ladite taxe sera assise et perçue ;

3° — Perception d'une taxe maxima de 30 centimes par bouteille sur tous les vins en bouteille, qui ne se cumulera pas avec celle applicable aux vins en cercles ;

4° — Création de taxes égales, au maximum, aux taxes en principal établies, déduction faite des majorations résultant des pénalités ;

*a*) sur les chevaux, mules et mulets, voitures, voitures automobiles.

Les personnes ayant plusieurs résidences sont, pour les chevaux, voitures, voitures automobiles, mules et mulets qui les suivent habituellement à Paris, passibles desdites taxes en cette ville, nonobstant les dispositions de l'article 10 de la loi du 2 juillet 1862.

*b*) sur les billards publics et privés ;

*c*) sur les cercles, sociétés et lieux de réunion ;

*d*) sur les chiens.

Enfin les communes pourront établir, dans les conditions de la loi du 5 avril 1884, des centimes additionnels dont le chiffre ne pourra pas dépasser vingt.

ART. 5. — Les communes pourront également pourvoir au remplacement de leurs taxes d'octroi en établissant, selon les formes et conditions prévues par l'art. 137 de la loi du 5 avril 1884, et sous réserve de l'approbation législative, des taxes directes ou indirectes. Les taxes directes ne seront prélevées que sur les propriétés ou objets situés dans la commune; elles s'appliqueront à toutes les propriétés ou à tous les objets de même nature; elles seront proportionnelles.

ART. 6. — Tous les tarifs d'octroi sur les boissons hygiéniques seront, en conséquence, révisés dans un délai de 2 ans à partir du 1er janvier qui suivra la promulgation de la présente loi, ou, s'ils viennent à expiration avant ce délai, à la fin de la période pour laquelle ils ont été approuvés.

Toutefois les communes dont les tarifs expireront dans l'année qui suivra la promulgation de la loi auront un délai d'un an, à partir du 1er janvier suivant, pour ramener les dites taxes aux maxima fixés par les articles précédents et voter s'il y a lieu les taxes de remplacement.

Lorsque les taxes de remplacement autorisées dépasseront le montant du dégrèvement total sur les boissons hygiéniques l'excédent pourra être employé au dégrèvement d'autres objets soumis au tarif d'octroi.

ART. 7. — Les communes qui actuellement ne perçoivent pas de taxes d'octroi sur les vins, cidres, poirés, hydromels, bières et eaux minérales pourront être autorisées à établir un droit de licence municipale, ou à percevoir des taxes sur l'alcool, conformément aux dispositions de l'art. 4 de la présente loi.

ART. 8. — A partir de la promulgation de la présente loi, il ne pourra plus être établi de taxes d'octroi sur les vins, cidres, poirés et hydromels, sur les bières et sur les eaux minérales, dans les villes où il n'en existe pas aujourd'hui, et ces taxes, dans les villes où elles existent ne pourront pas être surélevées.

Toutefois, dans des cas exceptionnels, sur la demande des conseils municipaux, et en vertu de décrets rendus en Conseil d'Etat, les communes dont les tarifs actuels sur les boissons hygiéniques n'atteignent pas le maximum prévu par la présente loi pourront être autorisées à les porter à ce maximum.

Dans les villes à octroi qui au point de vue des droits du Trésor sont actuellement comprises dans la 3e classe, les surtaxes actuelles pourront dans les conditions de l'art. 137 de la loi de 1884, être maintenues en vertu de lois spéciales pour des périodes qui ne dépasseront pas cinq ans.

Art. 9. — Les villes qui supprimeront leurs droits d'octroi sur les boissons hygiéniques obtiendront, dans les conditions indiquées par l'article 10 de l'ordonnance du 5 août 1818, pour le paiement des frais de casernement, une réduction égale, pour chaque homme de troupe, au montant des droits dégrevés, en prenant pour base les deux tiers du taux de la consommation moyenne de la population soumise à l'octroi.

La présente loi, délibérée et adoptée par le Sénat et par la Chambre des Députés, sera exécutée comme loi de l'État.

Fait à Paris, le 29 décembre 1897,

Par le Président de la République :

Félix FAURE.

Le Ministre des Finances :
Georges COCHERY.

Cette loi, dont nous examinerons plus loin les conséquences économiques ne constitue qu'une réforme partielle des tarifs des droits d'octroi. Elle laisse subsister le principe des barrières et maintient dans une certaine mesure le statu quo. La question de la suppression totale de l'octroi et de son remplacement reste entièrement à résoudre.

# CHAPITRE II



———

Parmi les différents projets dus à l'initiative privée ou parlementaire, il nous paraît qu'ils relèvent tous de deux idées directrices opposées.

Les uns reconnaissent que la solution du problème intéresse non seulement les habitants des villes à octroi, mais la population entière de la France, et préconisent l'intervention financière de l'Etat, soit par l'abandon direct aux communes d'impositions prélevées jusqu'ici à son profit, quitte à se récupérer sur d'autres taxes du déficit causé ; soit au moyen d'un fonds commun composé de ressources spéciales créées par l'Etat au profit des communes et réparties entre elles, d'après une base proportionnelle.

Les autres, n'envisageant la question qu'à un point de vue exclusivement local et, craignant que l'intervention fiscale de l'Etat ne porte atteinte à l'autonomie communale, préfèrent demander aux seules communes à octroi les réformes attendues par un simple changement de taxes, et transforment les droits indirects perçus à l'entrée en taxes communales plus ou moins nombreuses et variées.

Dans chacune de ces deux grandes catégories se rencontrent les systèmes les plus variés. Tous les débats actuels en matière d'impôt sont ouverts ; les uns préconisent l'impôt sur le revenu, ou sur le capital, l'impôt progressif ; les autres, adversaires résolus de tout système contraire à la proportionnalité et à l'universalité de l'impôt, recherchent avant tout ces caractères dans les nouvelles taxes de remplacement. Pour ces derniers, la question est purement scientifique ; elle n'est en réalité, pour les autres, qu'une question politique, un moyen d'acquérir une facile popularité.

Système du remplacement de l'octroi par des taxes locales<br>au profit des communes.

1° *L'impôt sur la propriété immobilière.*

Dans cette catégorie nous rangeons le projet de loi de M. Ménier qui fut déposé le 5 mars 1880 sur le bureau de la Chambre.

Partant de ce principe que c'est l'octroi qui paye la plus grosse part des arrérages de l'emprunt, alors que les emprunts profitent surtout aux propriétaires seuls appelés à bénéficier de la plus-value que les travaux donnent à la propriété foncière, M. Ménier en conclut que les propriétaires seuls doivent en subir les charges ; il espère arriver à ce résultat par l'impôt sur le capital immobilier.

Estimant à 20 milliards la valeur de la propriété foncière de Paris, M. Ménier proposait d'établir un impôt de 6 pour 1000 de la valeur vénale, permettant d'obtenir 120 millions.

Mais, d'après une lettre de l'administration des finances en date du 11 novembre 1885, adressée à M. Sadi-Carnot, ministre des finances, la valeur de la propriété foncière à Paris n'atteindrait que 17 milliards, se décomposant de la façon suivante : 750 millions de revenus des immeubles représentant capitalisés à 5 % un capital de 15 milliards ; plus, d'après l'évaluation du ministre, 2 milliards pour les terrains non bâtis.

Il faudrait donc se servir de ce dernier chiffre et porter à 8 pour 1000 de la valeur le taux de ce nouvel impôt pour avoir une recette de 136 millions, somme encore inférieure au rendement de l'octroi de Paris.

Mais, même en acceptant comme suffisante cette recette prévue, ce qu'il importe d'examiner, ce sont les conséquences économiques de cette réforme. On assure que cet impôt remplit toutes les conditions de l'impôt communal, parce qu'il frappe ceux-là qui bénéficient de l'entretien, de l'embellissement et du développement de la cité. A chaque amélioration urbaine, dit-on, correspond une plus-value de la propriété ; il est donc juste de demander aux propriétaires les ressources nécessaires à l'exécution des travaux urbains.

Aujourd'hui quand on discute la question des travaux à faire ou à ne pas faire, on se heurte à une objection : Qui est-ce qui paye l'arrérage des emprunts ? Et l'on est obligé de répondre que c'est en grande partie l'octroi. C'est donc sur le consommateur pauvre que l'on va prélever les sommes dépensées à quoi ? à donner une plus value à des propriétés appartenant à une minorité

Le système de l'impôt sur le capital remédie à cet inconvénient. M. Yves Guyot, qui a repris le système de M. Ménier, l'a défendu en ces termes : (1)

« Je prends sous ma responsabilité personnelle le système adopté par le Conseil municipal de Paris, le 9 juin 1880, adopté par les Conseils municipaux de Lyon et de Saint-Etienne, mis en pratique pour tous les impôts locaux aux Etats-Unis, appliqué à Neufchâtel, en Suisse, sous le nom d'impôt des superficies, et à Copenhague . .

. . . . . . . . . . . . . . . . . .

On ne fait pas une amélioration dans une ville, on ne construit pas une nouvelle rue, on n'établit pas un nouveau bec de gaz, un trottoir, on ne déplace pas un pavé, on ne fait pas une adduction d'eau, on ne pose pas une ligne de tramways, sans que la propriété n'en acquière une plus-value. Actuellement, que se produit-il ? L'octroi intervenant dans la proportion de 80 0/0 relativement aux contributions directes dans les impositions municipales, ce sont les consommateurs, — les locataires, par conséquent, les plus nombreux, — qui font l'avance de la plus value de la propriété. Et, une fois que, comme contribuables, ils ont fait cette avance, le propriétaire se retourne ensuite vers eux

(1) M. Yves Guyot. *Rapport de la Chambre des députés*, 1889.

comme locataires, soit de locaux d'habitation, soit de
locaux industriels et commerciaux, et leur dit : « Maintenant que comme contribuables, vous avez donné à ma propriété cette plus-value, vous allez me la payer comme locataires. »

Ce raisonnement permet à M. Yves Guyot de trouver
l'existence d'une profonde injustice qui doit être réparée
par un impôt pesant presque entièrement, dit-il, sur la propriété. Mais les conséquences d'un tel impôt pourraient
amener une crise immobilière et la justice ne serait guère
plus satisfaite. Ce n'est pas seulement les propriétaires
d'immeubles qui bénificient des travaux d'une ville; tous les
habitants de cette ville y ont un intérêt et profitent dans
une mesure plus ou moins large de toutes les améliorations.
Est-ce le propriétaire d'immeuble qui tire profit de l'installation obligatoire du tout à l'égout, alors qu'il est forcé
d'exécuter d'importants travaux sans aucune indemnité ?

La plus-value que peut acquérir un immeuble est chan-
ceuse. Si la propriété peut augmenter de valeur, elle
peut en diminuer aussi. C'est un risque qui n'est que justement compensé par une chance de hausse. Tel et tel quar-
tier aujourd'hui ont perdu considérablement de valeur,
tandis que d'autres ont progressé. Il faudrait donc en bonne
justice frapper les uns, mais indemniser les autres à chaque
création de voies nouvelles, ce qui serait impraticable, les
éléments d'appréciation n'étant pas fixes.

Mais même en admettant que les possesseurs d'immeubles
profitent seuls des travaux exécutés par la ville, il faudrait

admettre que les immeubles ayant pris une plus-value soient restés dans les mêmes mains, pour pouvoir justement se prévaloir de cette raison vis-à-vis des propriétaires. En plus, la loi du 16 septembre 1807 permet à l'administration de réclamer une indemnité s'élevant à la moitié de la plus-value acquise, lorsque cette plus-value est notable, et après certaines formalités (1).

Ce n'est donc pas avec justice qu'on cherche à faire peser tout le poids de la réforme sur une classe petite de citoyens ; le véritable but de cette réforme est d'écraser la propriété immobilière et de permettre à la ville de Paris d'en disposer. Cette taxe de 8 pour 1000, en effet, serait une augmentation énorme de l'impôt foncier, puisqu'elle prélèverait plus de 15 % du revenu sans compter la contribution foncière.

Ce serait donc une atteinte véritable portée à la propriété immobilière qui subirait une perte correspondant à cet impôt prélevé. L'acquéreur d'un immeuble retient toujours sur le prix de vente une somme dont les intérêts représentent à peu près le montant des charges de l'année. C'est ainsi qu'un immeuble rapportant 5.000 fr. net et représentant un capital de 100.000, se trouvant frappé d'un nouvel

______

(1) Récemment le Conseil municipal de Paris, séance du 6 mai 1899, a invité l'Administration :

1° A poursuivre désormais à la suite de tous les travaux d'utilité publique, l'application des articles 30, 31 et 32 de la loi.

2° A obtenir des règlements d'administration publique, en vue d'appliquer les mêmes articles de la loi de 1807 aux diverses propriétés ayant déjà bénéficié antérieurement d'une plus-value résultant des travaux publics effectués avec les deniers de la Ville de Paris.

impôt de 800 fr., subirait une perte de capital de

$$\frac{100 \times 800}{5} = 16.000 \text{ fr.}$$

Peut-être dira-t-on que, de même que l'impôt foncier, à l'origine très onéreux, cet impôt finirait par ne plus être supporté par personne ?

N'y a-t-il pas là pourtant une atteinte au droit de propriété, une véritable spoliation qui ne saurait se justifier, puisqu'elle n'aurait même pas une portée générale, une seule classe de contribuables étant atteinte au profit des autres. En faisant retomber sur quelques-uns des charges qui pesaient sur tous, on va contre le principe de l'égalité de tous devant l'impôt proclamé en 1789.

La base de l'impôt sur le capital tel que l'a proposé M. Ménier, ajoute M. Yves Guyot, est la distinction entre les capitaux fixes et les capitaux circulants.

Vous avez une maison (1), votre maison ne vous rapportera d'utilité, revenu de jouissance, si vous l'habitez, revenu en numéraire, si vous la louez, qu'à la condition de rester maison. Vous avez une machine ; votre machine ne vous produira d'effet utile qu'à la condition de rester ce qu'elle est. Vous avez un meuble ; votre meuble ne vous produira de l'utilité qu'à la condition de conserver sa forme.

Vous avez, au contraire, de la pierre à bâtir, votre pierre ne vous rendra d'effet utile qu'à la condition d'être incorporée dans un mur. Vous avez de la houille pour votre machine ; elle ne vous rend d'effet utile qu'à la condition

(1) M. Yves Guyot, *Rapport à la Chambre des députés*, 1889.

de se transformer en force motrice. Vous êtes marchand de meubles ; vous avez, par conséquent, chez vous beaucoup plus de meubles qu'il ne vous est nécessaire pour votre usage personnel ; ces meubles ne vous rendent d'effet utile qu'à la condition que vous les changerez en monnaie ou en valeur, que vous transformerez à votre tour en matières premières, ou en marchandises destinées à votre consommation, ou en capitaux fixes.

Le capital fixe est toute utilité dont le produit ne change pas l'identité.

Le capital circulant est toute utilité dont le produit détruit l'identité.

Sont capitaux fixes : le sol, les mines, les constructions, les machines, les outillages, les navires, les voitures, les animaux servant à l'exploitation, les meubles et ustensiles, les objets d'art.

Sont capitaux circulants : les matières premières, les marchandises, la monnaie. Quant aux actions, et obligations, les titres de rentes sur l'Etat, sur les communes, etc., ils ne doivent rentrer dans aucune de ces catégories. Les actions, dit M. Yves Guyot, ne sont que des signes représentatifs de capitaux fixes, qui, eux, produisent de l'utilité ; ce sont les fractions d'un titre de propriété. Si elles portent intérêt, elles ne produisent pas plus directement les intérêts, les profits que les titres d'une propriété personnelle enfermés dans un tiroir ce qui produit les intérêts et les profits, ce sont les capitaux dont elles constatent l'existence.

Quant aux titres de rentes sur l'Etat, sur les communes, etc., ils représentent pour leurs possesseurs une créance sur des capitaux fixes qui, chaque année, produisent la somme nécessaire pour en payer les intérêts.

Un particulier peut les compter comme faisant partie de son capital fixe; il confond le signe avec la chose, le morceau de papier avec la réalité.

M. Yves Guyot estime que l'avenir des impôts d'Etat comme des impôts municipaux est l'impôt sur le capital fixe.

L'octroi étant un impôt sur les matières premières et les marchandises, comme toutes les contributions indirectes, il doit être remplacé par un impôt sur le capital; et, le capital immobilier étant le capital fixe le plus important, l'impôt devra porter sur la propriété.

De ce que les capitaux circulants sont d'une nature telle qu'ils disparaissent dès qu'on les utilise, il ne s'ensuit pas qu'ils doivent être exemptés d'impôts. Il y a un équilibre à maintenir entre les divers capitaux.

Les services que le capital rend à la production ne sont pas gratuits, puisque le capital n'existe et ne s'accroit qu'à force de travail et de frais. L'usage de certains capitaux fixes et ceux qui durent très longtemps peut bien à un certain moment devenir gratuit, mais ce n'est qu'après avoir absorbé d'abord une forte portion des forces productrices de la société (1).

C'est surtout en augmentant ses capitaux fixes qu'un

(1) M. Paul Beauregard. *Eléments d'Economie politique.*

peuple accroit sa puissance productive. La création d'impôts frappant exclusivement le capital fixe serait un danger pour la vitalité même du pays.

Si les capitaux fixes sont moins facilement détruits que les capitaux circulants, s'ils résistent plus facilement aux fléaux de toute nature qui menacent la vie d'une nation, ils ne se prêtent pas par cela même aussi facilement que les capitaux circulants à des changements de destination. Si l'on a produit du charbon pour une industrie qui vient à disparaître, ce charbon ne sera pas perdu. Il servira dans d'autres usines. Que faire, au contraire, d'une machine d'un certain modèle, si une invention nouvelle vient à supprimer les avantages qu'offrait jusque-là son emploi? C'est un danger qu'il faut éviter et qui empêche souvent déjà l'engagement des capitaux. Un impôt exagéré sur le capital fixe pourrait arrêter l'initiative individuelle et empêcher la transformation incessante en capitaux fixes d'une portion du fonds matériel. Il aurait certainement pour résultat d'augmenter le prix des objets manufacturés ou de faire baisser les salaires.

Le producteur, quand il établit les chances de gain de son entreprise, doit déduire, du produit qu'il espère obtenir, les capitaux qui seront consommés pour le fabriquer. Il calcule le prix probable que la vente des produits procurera, puis il estime en argent la dépense qu'il va faire en capitaux. En soustrayant la seconde somme de la première, il obtient le chiffre de la plus-value probable, sur laquelle il devra prélever les salaires des ouvriers et l'intérêt des capitaux engagés, le reste représentant son bénéfice.

Qu'il s'agisse de capitaux fixes ou de capitaux circulants, le résultat sera le même, avec cette différence que les capitaux fixes restent à la disposition de l'entrepreneur. Ce n'est pas leur valeur intégrale qui sera déduite du prix de vente des produits, mais seulement ce que l'entrepreneur aura dépensé pour les faire réparer, pour les entretenir, et pour les amortir. Il tiendra compte aussi de l'impôt, et sera obligé pour avoir la même rémunération de majorer le prix de vente de ses produits ou d'abaisser le taux des salaires.

D'ailleurs, au point de vue spécial qui nous occupe, « le capital immobilier » tel que le conçoit M. Yves Guyot fait partie du fonds de consommation au même titre que les aliments, les instruments et tout ce qui est destiné à satisfaire nos besoins personnels.

Si d'une maison d'habitation on peut faire un atelier ou une manufacture, ce n'est pas le cas général et en pareil cas c'est en perdant son caractère primitif pour en revêtir un nouveau que l'objet dont il s'agit devient capital.

La distinction entre les capitaux fixes et les capitaux circulants, telle que l'entend M. Yves Guyot, peut être contestée (1). Elle aurait pour résultat de frapper d'impôts

______

(1) M. Cauwès. *Economie politique* : « Au point de vue de la production, c'est d'une manière purement objective que le capital peut se définir et qu'on peut le séparer du fonds de consommation ».

extrêmement lourds les maisons d'habitation qui sont aussi nécessaires à la vie de l'homme que les aliments de consommation qu'on voudrait entièrement dégrever.

M. Yves Guyot se demande ensuite si l'impôt doit être établi d'après le revenu ou d'après la valeur vénale de la propriété immobilière. Sans doute, dit-il, le revenu sert à établir la valeur vénale ; mais il y a des hôtels habités par leurs propriétaires dont le revenu n'est pas constaté par un bail ; des parcs, des jardins qui n'ont que des revenus de jouissance et dont l'estimation est dérisoire. L'article 59 de la loi de frimaire an VII ordonne que ces terres soient cotisées au taux des meilleures terres labourables de la commune ; mais s'il n'existe pas de terres labourables dans la commune, on doit prendre pour base d'appréciation les terres labourables de la commune la plus voisine. Ainsi un jardin situé aux Champs-Elysées doit être taxé légalement comme un champ de labour situé à Nanterre. Les éléments d'appréciation font donc défaut pour ces terrains qui représentent pourtant une grande valeur.

De même pour les terrains vagues, terrains de spéculation, on devrait tenir compte du revenu qu'ils accumulent pour l'avenir. C'est pour faire disparaître ces inconvénients que M. Yves Guyot est partisan d'une taxe sur la valeur vénale des propriétés. Cette taxe serait payée par les propriétaires d'immeubles. On peut se demander si elle devra en définitive être supportée par les locataires. M. Yves Guyot ne le croit pas. D'abord, la répercussion n'existera pas pour le propriétaire qui habite son propre

immeuble. Quant au locataire, en admettant qu'il paye la
totalité de l'impôt, il ne subirait réellement une augmentation que pour les gros loyers, les petits bénéficieront toujours d'un dégrèvement considérable comme le prouve
l'exemple suivant appliqué à la Ville de Paris.

En prenant, dit M. Yves Guyot, le chiffre de 17 milliards
comme représentant la valeur de la propriété dans la capi-
tale, si nous prélevons sur cette somme 8 pour 1000, nous
obtenons une recette de 136 millions, à peu près suffisante
pour supprimer l'octroi. En appliquant la répercussion de
cette taxe à un petit loyer de 300 francs, celui-ci ne pourrait être majoré que de 48 francs; au total le loyer d'un
petit ménage coûterait 348 francs, tandis qu'actuellement
ce ménage composé de quatre personnes payant par tête
60 fr. 80 dépense annuellement $60,80 \times 4 = 243$ fr. 20.
Les charges de ce ménage diminueraient donc de
$243,20 - 48 = 195$ fr. 20.

M. Yves Guyot a dressé l'échelle des bénéfices. Il démontre ainsi que jusqu'à un loyer de 1,500 francs les contribuables seraient dégrevés, et les petits loyers représentant
une proportion de 94 0/0, ce serait un immense bienfait
pour la classe ouvrière.

Nous avons déjà dit que le défaut de proportionnalité
des impôts indirects ne doit pas être exagéré; s'il est incontestable qu'il se fait sentir surtout pour les taxes à la consommation, ces taxes ne sont pourtant pas des capita-
tions, car le riche dépense plus que le pauvre en achats
divers. Pour apprécier exactement la part contributive de

chaque citoyen, il faudrait établir des monographies détaillées.

L'étude raisonnée suivante que M. P. Hugounenq, conseiller général de l'Hérault, a fait de l'octroi de la Ville de Lodève nous a paru intéressante à citer comme exemple : (1)

Les tarifs d'octroi comprennent 78 articles classés sous la rubrique : Boissons, comestibles, combustibles, fourrages, matériaux, divers.

La recette a été en 1892 de   101.039,19
Le frais ont été       —       11.028
           Produit net . . . .   87.010,29

La population de Lodève étant de 9.000 habitants, garnison comprise, la part contributive de chacun serait donc, d'après le calcul de M. Yves Guyot, de

$$\frac{101.039,19}{9.000} = 11 \text{ fr. } 22.$$

Mais il importe de distinguer la nature des marchandises taxées ; il en est qui n'intéressent en rien ou à peu près la classe des travailleurs ; d'autres dont le prix ne changera pas, malgré la suppression des octrois par la raison que le dégrèvement n'atteindra pas 0,05 par unité marchande.

Voici d'abord le premier tableau comprenant des marchandises n'intéressant guère la classe des travailleurs :

(1) M. Hugounenq. *Faut-il supprimer les Octrois ?* 1893.

|                                              |                   | Produit en 1892. |
|----------------------------------------------|-------------------|------------------|
| Truffes, taxe                                | 1 fr. le kil.     | 112              |
| Dindons                                      | 0,70 la pièce     | 627.90           |
| Poulets canards                              | 0,15      —       | 1.395,90         |
| Oies, faisans, chapons                       | 0,15      —       | 258,50           |
| Cailles, grives                              | 0,05      —       | 115,80           |
| Pluviers, vanneaux                           | 0,10      —       | 159,50           |
| Alouettes                                    | 0,15 la douz.     | 79,90            |
| Poissons fins.                               | 0,20 le kilo      | 584,80           |
| Huîtres.                                     | 0,75 le cent      | 169,24           |
| Pâtés, fruits confits                        | 0,10 le kilo      | 388,10           |
| Fromages autres que ceux de vaches           | 0,10      —       | 1.813,40         |
| Bougies et cierges.                          | 0,12      —       | 1.033,22         |
| Fourrages.                                   |                   | 5.537,43         |
| Matériaux de construction.                   |                   | 4.825,15         |
| Glaces à rafraîchir                          |                   | 100              |
|                                              |                   | 17.454,59        |

Puis, il faut ajouter les marchandises dont le prix ne changera pas, parce que le dégrèvement n'atteindra pas 0 fr. 05 par unité marchande ; ce sont :

|                                              |                   |          |
|----------------------------------------------|-------------------|----------|
| Alcool, taxe.                                | 9 fr. l'hecto     | 3.131,82 |
| Vin.                                         | 0,96      —       | 7.421,18 |
| Bières.                                      | 3 fr.     —       | 3.620,67 |
| Huiles minérales.                            | 2,50      —       | 1.970,47 |
| Savons.                                      | 2,59 les 100 k.   | 1.485,46 |
| Poissons communs                            | 0,05 le kilo      | 863,15   |
| Charbon de bois                             | 1 fr. les 100 k.  | 690,19   |
| (L'ouvrier consomme peu de combustible et l'achète fort cher par kilogramme). | | |
| Savons noirs et mous                         | 1 fr. 20          | 231,63   |
| Vernis, essence, couleur.                    |                   | 95       |
| Glaces étamées ou non.                       |                   | 58,95    |
| Oranges                                      | 3 fr. les 100 k.  | 524,01   |
| Limons, cédrats                              | 4 fr. 50   —      | 272,50   |
| Mandarines.                                  | 10 fr.     —      | 25       |
| Total général.                               |                   | 37,844,62 |

Il reste donc une somme de 63,194 fr. 57 de recettes. Il

faut donc examiner quelle est la part contributive de chacun.

« Or, nous dit M. Hugounenq, la viande, charcuterie comprise, a produit, en 1892, 56.220 fr. 61 pour un poids de 550.000 kilos. La taxe est pour la majeure partie de 12 fr. les 100 kilos.

« Il faut à la garnison 350 grammes de viande avec les os par homme et par jour et 127.750 kilos par an pour 1.000 hommes. Si on les déduit de 550.000 kilos, il ne reste plus pour la population que 422.250 kilos et 8.000 consommateurs, c'est-à-dire 145 grammes par tête et par jour.

« Il résulte très clairement pour moi, d'une minutieuse enquête à laquelle je me suis livré, qu'à Lodève les familles d'ouvriers aisés, d'artisans, de petits boutiquiers ou d'employés subalternes, ne consomment pas plus de 100 grammes de viande par tête et par jour, ce qui donne 36 kilos 5 par an à 0,12 le kilo = 4,38. »

Ce chiffre, d'après M. Hugounenq, demande encore à être réduit. Le boucher, pense-t-il, ne tiendra pas compte à l'acheteur de toute la réduction de la taxe, « tout au plus pourra-t-il la réduire à 0,10 profitant de 0,02. Or 0.02 est exactement le sixième de 0 fr. 12 ; ce ne sera donc plus 4 fr. 38 qu'économisera l'acheteur, mais bien cette somme réduite d'un sixième, ce qui la ramènera à 3 fr. 65 ou 1 centime par tête et par jour.

En résumé, sur une somme de 101.039 fr. 19, nous trouvons :

Une recette de...................... 37.844,62

qui ne frappe guère que les travailleurs.

La viande qui prend 0 fr. 01 par jour
représente........................... 56.220,61 : ⎱ 101.039,19

Pour constituer la recette totale diverses taxes produisant en tout....... 6.973,96

demanderont au maximum 0,78, soit en
tout 3 fr. 65 –|– 0,78 == 4 fr. 43.

« Voilà donc à quoi se réduit la part contributive de chaque habitant pris dans la classe moyenne ou dans celle des travailleurs. Ce serait beaucoup si le chef de famille devait verser à des époques fixes le quart, la moitié ou la totalité de cette somme. Sous forme d'impôt de consommation, elle est versée sans troubler son budget.

Or, si la propriété bâtie était frappée d'une taxe, les loyers en seraient sûrement augmentés, et l'augmentation serait payable, comme le reste, en deux ou quatre termes. »

M. Hugounenq fait ensuite ressortir que la population de Lodéve a payé au fisc pour le tabac et l'alcool la somme de 196.061 fr. 50. « Ceux qui se lamentent, dit-il, de voir la classe ouvrière frappée même sans exagération, dans la légitime satisfaction de ses besoins les plus impérieux, par les taxes sur la viande et le vin, n'ont peut-être pas songé à rapprocher ces faits et les chiffres que nous venons de citer. » Etant donné, en effet, que Lodève compte 1000 soldats et 2.600 électeurs présents, la part de chacun s'élévera à $\dfrac{196.061,50}{3.600} = 54$ fr. 46.

Donc, conclut l'auteur, si l'impôt perçu sous forme de

taxe d'octroi n'est pas à l'abri de tout reproche, il est certain qu'on n'a pas trouvé mieux pour laisser aux villes les moyens de créer les ressources qui leur sont indispensables, et en attendant mieux, il appartient aux administrations municipales d'améliorer ce service.

La réforme préconisée par M. Yves Guyot et M. Ménier ne saurait, en effet, avoir des résultats aussi excellents qu'ils espèrent.

Si la répercussion doit se faire sentir sur les loyers, les commerçants qui payent déjà l'impôt des portes-fenêtres, de la contribution personnelle mobilière et de la patente, subiraient une quatrième contribution. Tous ceux qui vendent au détail des objets de consommation se retrancheraient derrière l'augmentation du taux de leur loyer pour maintenir leurs prix, sinon pour les augmenter. La classe peu aisée ne gagnerait donc qu'une augmentation de loyer à l'application du système.

Dans le cas contraire, si le propriétaire d'immeuble doit supporter injustement tous les frais de la réforme, il s'ensuivra une crise immobilière dont tout le monde aura à souffrir.

En admettant que le l'impôt direct soit celui qui représente le plus de justice et la proportionnalité la plus exacte, on ne saurait en tous cas accepter une seule taxe très lourde frappant une seule catégorie de contribuables, la variété et l'universalité des taxes pouvant seule permettre d'approcher de la péréquation de l'impôt.

Peut-être MM. Yves Guyot et Ménier se sont-ils rendus compte du danger de leur système. Toujours est-il qu'ils ont eu soin dans leur projet de loi de laisser aux communes toute liberté pour supprimer et remplacer leurs octrois. Le projet de loi présenté en 1892 était plutôt un programme de recherches, un plan d'étude, soumis à l'initiative des municipalités pourvues d'octroi. Il était ainsi conçu :

« ARTICLE PREMIER. — Les communes auront le droit de remplacer leurs octrois en tout ou en partie, sous réserve de l'approbation législative, par des taxes directes choisies parmi les suivantes : centimes additionnels aux quatre contributions; taxe sur la valeur vénale de la propriété; taxe sur la valeur locative; taxe sur les revenus ; impôt de superficie ; droits de place calculée au mètre cube ; taxe sur les constructions, sur les chevaux, hôtels, cafés, restaurants, les étrangers ( dans les villes d'eau ), les domestiques ; taxes sur les mutations, par décès; taxe de pavage ; d'entretien des rues et d'égout.

Ces taxes ne devront être prélevées que sur des propriétés ou objets situés sur la commune ou des revenus en provenant.

Elles devront s'appliquer à toutes les propriétés, objets ou revenus de même nature.

Elles devront être assises sur des propriétés ou objets tangibles, ou des signes apparents de richesse.

Elles devront être proportionnelles.

« ART. 2. — Les taxes diverses prévues par la présente loi seront assises et perçues et les réclamations jugées comme en matière de contributions directes.

« ART. 3. — A partir de la promulgation de la présente loi, il ne pourra être établi d'octroi dans aucune commune. Les taxes ne pourront être augmentées dans les communes où existent actuellement des octrois.

Tout ce qui est contraire aux dispositions de la présente loi est abrogé. (1)

Comme nous l'avons dit, la loi de 1893 qui intervint maintint le principe de la liberté laissée aux communes et n'eut pas de conséquences fiscales ; elle ne pouvait en avoir :

C'était une illusion d'espérer l'abolition des octrois par les conseils municipaux sans l'intervention de la législature. Si en théorie rien ne semble plus facile, puisqu'il s'agit simplement de substituer des taxes directes aux taxes actuelles de consommation, en pratique l'entreprise est des plus hasardeuses.

« En tous cas, pour réussir, elle devrait être préparée de longue main et introduite lentement de manière à familiariser peu à peu l'esprit public avec ce changement de système. Or, pour procéder ainsi, les villes devraient pouvoir disposer momentanément d'une somme considérable qui leur permît de risquer l'essai sans mettre en péril l'équilibre de leurs finances, et cette somme aucune d'elles ne la possède. En supposant, d'ailleurs, qu'il se trouvât

_______

(1) *Rapport à la Chambre des Députés*, par M. Guillemet. 7 avril 1892.

quelques conseils municipaux assez entreprenants pour tenter la réforme, il est certain que le plus grand nombre préférerait s'éviter les embarras et les responsabilités d'une si lourde tâche en maintenant le statu quo. D'un autre côté, il ne faut pas oublier que les tarifs d'octroi protègent des intérêts particuliers et que dans certaines localités la coalition de ces intérêts sera assez puissante pour empêcher toute innovation pouvant leur porter préjudice. Il est donc indubitable que, pour faire abolir les octrois dans toutes les communes, il faut qu'une loi intervienne. » (1).

Ce que M. Frère-Orban avait prévu s'est pleinement réalisé en France. La loi de 1893 n'a apporté aucune modification au régime des octrois communaux et les communes se sont abstenues de toutes réformes.

On peut s'en féliciter d'ailleurs, car l'établissement des taxes nouvelles présentées aurait été pour les communes un peu importantes la source d'embarras financiers.

Dans son exposé des motifs, M. Yves Guyot dit qu'il n'y a point d'impôt parfait, qu'il n'y a que des impôts plus ou moins mauvais, et qu'il s'agit de trouver celui qui représente le plus de justice, la proportionnalité la plus exacte, qui gêne le moins la circulation et le développement de la richesse, celui enfin qui est le moins vexatoire dans son mode de perception et qui présente le plus de garantie aux contribuables.

_________

(1) *Exposé des motifs*, M. Frère-Orban.

Nous ne croyons pas que l'impôt sur le capital immobilier préconisé par MM. Ménier et Yves Guyot soit un idéal à atteindre. Nous avons dit les raisons qui nous font le repousser. Mais de la loi de 1893 il nous paraît nécessaire de constater les faits suivants, savoir : que les communes ne prendront pas l'initiative de la suppression des octrois, et que cette suppression ne peut s'accomplir que si l'Etat en prend l'initiative et modifie pour la rendre possible le système général de ses impôts.

*L'impôt sur les loyers et sur la propriété.*

M. Leroy-Beaulieu est aussi hostile aux taxes d'octroi. « Cet impôt, dit l'éminent économiste, est funeste en lui-même puisque c'est une entrave à la circulation et à l'échange des produits. Il y a une part irréductible d'abus et de maux qui lui est attachée et que l'on ne peut espérer faire disparaître. »

Aussi estime-t-il qu'il doit disparaître et être remplacé naturellement par l'impôt sur les loyers et l'impôt foncier, la taxe sur les loyers étant la seule qui soit, dans une ville, à peu près proportionnelle à la fortune et aux revenus des habitants et la suppression des octrois devant profiter aux propriétaires des villes par l'afflux de toute une nouvelle population qui s'est fixée hors des barrières pour échapper aux lourds impôts de consommation.

M. Leroy-Beaulieu ne se dissimule pourtant pas que son système entraînerait une énorme augmentation de nos contributions directes ; mais il repousse comme dangereux le

remplacement des octrois par le seul impôt foncier qui
permettrait aux conseils municipaux des grandes villes,
méconnaissant les lois de l'incidence de l'impôt et croyant
exempter les locataires en taxant les propriétaires, d'augmenter indéfiniment l'impôt foncier. Aussi préfère-t-il de
beaucoup l'impôt sur les loyers : une taxe élevée, perçue
en remplacement des octrois sur la valeur locative des
habitations, ferait sentir nettement aux contribuables l'impôt, et à leurs mandataires la nécessité d'une sage économie ; c'est une sorte d'impôt mixte entre les taxes de consommation et les taxes sur la propriété.

« Il est évident, dit-il, que des quatre contributions
directes il y en a une, celle des patentes, qui ne peut être
accrue sans iniquité et sans danger. Elle est déjà excessi-
vement lourde : puis ce serait tourner dans un cercle
vicieux que de remplacer un impôt de consommation par
un impôt sur les affaires. Les trois contributions directes
autres que la patente produisent à Paris 59 millions de
francs. Pour remplacer l'octroi, il faudrait leur demander
128 millions de plus environ ; par conséquent, il faudrait
au moins les tripler.

« Actuellement l'impôt foncier prélève (centimes additionnels compris), à Paris, 6 % du revenu net des constructions ; car l'impôt foncier, en principal et en centimes
additionnels, monte à 28 millions et demi en 1876, et la
valeur locative des constructions à Paris s'élève à 425 millions de francs. Il faudrait donc porter le taux de l'impôt
foncier à 18 % environ du revenu, ce qui serait une pro-

portion élevée sans doute, mais beaucoup moins que celle qui est adoptée dans beaucoup de villes des Etats-Unis.

« Quant à l'impôt personnel et mobilier et celui des portes et fenêtres, deux taxes que nous voudrions fondre ensemble, ils prélèvent au plus 10 % du montant des valeurs locatives d'habitation (les usines et les établissements industriels et commerciaux en étant exemptés) on devrait tripler ces impôts et les porter à 30 %. Le taux de 30 % pour l'impôt sur les loyers et celui de 18 % pour l'impôt foncier sont-ils exorbitants ? Ils sont très lourds, nous en convenons, mais ils sont encore supportables. Les charges locales seraient ainsi mieux assises qu'aujourd'hui, l'affranchissement de tout droit à l'entrée des villes supprimerait une foule de formalités, de gênes et de fraudes et serait profitable au développement des affaires et à l'hygiène. »

En résumé, si l'on considère que dans les grandes villes l'impôt foncier y compris les centimes additionnels représente de 6 à 7 % de la valeur locative des immeubles, l'impôt mobilier 7 à 8 % de l'ensemble de la valeur locative des loyers d'habitations, et enfin que la contribution des portes et fenêtres égale à peu près 3 ou 4 % de cette valeur, il en résulte que, pour la suppression des octrois, l'impôt foncier devrait être porté dans la plupart des grandes villes à 15 ou 20 % du revenu des immeubles, l'impôt mobilier à 18 ou 24 %, et enfin l'impôt des portes et fenêtres à 7 ou 10 % ; en un mot, les immeubles auraient à supporter, dans les grandes villes, une charge égalant 40 ou

60 °/₀ du revenu, cette charge représentant à la fois les impôts directs actuels et les surtaxes que la suppression des octrois rendrait nécessaires. Une partie de cette taxe totale de 60 °/₀, la moitié si l'on veut, serait mise à la charge du propriétaire, et l'autre moité à la charge du locataire.

Il serait, en effet, dangereux de remplacer les octrois par l'unique augmentation de l'impôt foncier ; quoique le plus souvent, en effet, l'impôt foncier sur la propriété bâtie retombe, en définitive, dans les villes prospères à la charge des locataires, les membres des municipalités pourraient ne plus s'en rendre compte, et dans un but de popularité, ils pourraient être enclins à augmenter considérablement les dépenses à la pensée que les propriétaires en feraient les frais. Une telle expérience pourrait avoir des conséquences désastreuses dans un pays tel que la France avec le régime du suffrage universel ; la masse des électeurs n'étant pas propriétaire augmenterait d'autant plus facilement les dépenses qu'elle entendrait ne point les payer.

En mettant à la charge des locataires la moitié des nouvelles taxes, M. Leroy-Beaulieu espère éviter ce résultat et rendre les contribuables bons ménagers des ressources publiques.

On peut cependant craindre que ces taxes sur la propriété et les loyers ne frappent que les locataires riches et les propriétaires ; les municipalités qui, dans les grandes villes, sont souvent les représentants du parti populaire, chercheront à exempter de l'impôt les petits loyers, c'est-à-dire le plus grand nombre. Or, le total de l'impôt ne devant pas diminuer, il faudra le reporter sur les immeubles et les gros loyers au risque de les frapper outre mesure.

D'ailleurs, M. Leroy-Beaulieu semble avoir renoncé à son projet ; il reconnaît que les droits d'octroi ne peuvent être considérés comme des impôts de capitation, et que par conséquent on ne saurait équitablement les remplacer par d'énormes surtaxes sur les immeubles urbains :

« Ce qui n'est pas admissible, dit-il, c'est de se livrer à propos des octrois au bavardage enfantin de nombre d'anciens économistes qui, négligeant une analyse détaillée et complète et ne s'informant même pas de la nature des objets taxés, de ceux laissés indemnes et des quotités de la taxe sur chaque objet, allaient répétant que les droits d'octroi sont des impôts de capitation ou, même mieux, que les droits d'octroi sont des impôts progressifs à rebours. Nulle proposition n'est plus contraire aux faits ni plus anti-scientifique. Ce qui serait surtout lamentable, antisocial, ce serait de remplacer les taxes d'octroi par d'énormes surtaxes sur les immeubles urbains, c'est-à-dire sur l'habitation de l'homme. On ne voit pas pourquoi le logement serait toujours frappé, et jamais la nourriture, surtout quand il est avéré que dans nos sociétés modernes, et particulièrement dans nos villes, l'habitation est pour les classes inférieures et moyennes infiniment plus défectueuse que l'alimentation et qu'un logement suffisamment ample importe beaucoup plus que toute autre condition matérielle

à l'hygiène publique et privée, à la décence et à la dignité
de la vie (1). »


*Les centimes additionnels.*


Les villes ont le droit dans la législation actuelle de
remplacer leurs octrois par des centimes additionnels.
Devant les difficultés éprouvées pour établir des taxes
nouvelles, ont peut se demander pourquoi les villes n'usent
pas de ce moyen qui aurait l'avantage de la simplicité ;
et, la base de l'impôt étant certaine, le rendement en
serait exactement calculé.

C'est ainsi, en effet, qu'ont pu procéder plusieurs communes, comme la ville d'Agde, qui s'est ainsi débarrassée
de son octroi. Mais si pour quelques communes les centimes additionnels permettraient de réaliser la réforme, on
ne saurait pourtant réduire les villes à cette taxe de remplacement ; seules, les communes ayant des produits d'octroi peu élevés peuvent en faire l'application.

Pour remplacer les taxes d'octroi, la plupart des villes
importantes seraient, en effet, obligées de s'imposer d'une
façon formidable.

D'après un tableau dressé en 1892, pour 217 villes dont
l'octroi en régie rapporte depuis 100.000 francs, le montant
total des centimes dont lesdites villes seraient grevées si

(1) *Economiste français* du 9 janvier 1892.

l'octroi était remplacé par des centimes additionnels ressortirait :

Pour 5 villes à 300 centimes et au-dessus.

Pour 71 villes de 299 centimes à 200 centimes.

Pour 108 villes de 199 centimes à 150 centimes.

Pour 3 villes de 149 centimes à 100 centimes.

Pour 1 centime à 94 centimes.

Pour Paris, si l'octroi était remplacé par des centimes portant sur les quatre contributions directes, les contribuables auraient à supporter une nouvelle charge de 237 centimes.

Et si, pour empêcher de grever d'un trop lourd fardeau l'industrie et le commerce, on voulait exclure les patentes, il resterait la contribution des portes et fenêtres, qui est appelée à disparaître, et la contribution foncière et personnelle-mobilière qui, réunies, obligeraient pour certaines communes l'application de 400 centimes et souvent davantage.

Pour Paris, si les ressources provenant de l'octroi étaient demandées à la contribution foncière seulement, il faudrait 859 centimes 5 qui, réunis aux 40 centimes actuels, formeraient un total de 899 centimes 5 dixièmes.

L'exagération de ces chiffres condamne l'emploi exclusif des centimes additionnels ; sans nier l'avantage qu'ils ont de ne pas nécessiter la création de rôles spéciaux, l'Etat ne saurait les percevoir sans danger pour le compte des communes, la majoration considérable de la contribution pouvant empêcher la rentrée régulière de ses propres impôts.

### Systèmes faisant intervenir l'Etat.

1° Soit par l'abandon aux communes de certaines taxes perçues par lui.

2° Soit par la création d'un fonds commun.

#### 1° Abandon aux communes de certaines taxes perçues par l'Etat

##### *Système de M. Glais-Bizoin*

Nous trouvons dans ce groupe le système de M. Glais-Bizoin, qui, reprenant, en 1870, une proposition qu'il avait déjà faite sous l'empire avec MM. Pelletan et Frédéric Passy, demandait de supprimer les octrois en accordant aux communes :

1° L'impôt personnel et mobilier.

2° L'impôt des portes et fenêtres.

3° L'impôt des patentes.

En cas d'insuffisance, les communes devaient combler le déficit au moyen de centimes additionnels et même par un impôt sur le revenu.

Mais déjà à cette époque cette réforme aurait privé l'Etat d'une recette de plus de 160.000.000 et l'auteur de la proposition n'indiquait pas par quels moyens le Trésor devrait faire face à cette dépense. Or, jamais les finances de l'Etat n'ont permis de faire un pareil sacrifice et elles le permettraient encore bien moins aujourd'hui.

La proposition de M. Glais-Bizoin ne surmontait donc pas l'obstacle qui a empêché toute réforme d'aboutir.

Quant aux moyens proposés aux communes pour combler l'insuffisance des revenus, nous ferons remarquer que les centimes additionnels sont très nombreux et, que l'impôt sur le revenu déjà très discuté au profit de l'Etat, serait d'une application très difficile. Quelle en serait l'assiette ? Serait-ce le revenu déclaré ? Et alors qui assurerait la sincérité de la déclaration ? — Si on admettait un contrôle nécessaire, il serait forcément vexatoire et inquisitorial ; il ne surmonterait probablement pas les difficultés pour empêcher la fraude de se produire, et la fuite des capitaux à l'étranger pourrait en résulter.

Dans le cas où l'estimation serait basée sur des signes extérieurs de richesse, elle serait forcément inégale et injuste.

On peut se demander ensuite quels seraient les revenus qu'il devrait atteindre. Faudrait-il établir, suivant la provenance de ces revenus, des catégories distinctes plus ou moins taxées ? — Autant de questions à résoudre et qui demanderaient un mécanisme compliqué et d'une application très délicate. Aussi croyons-nous que l'impôt sur le revenu ne peut être envisagé comme moyen permettant la suppression de l'octroi ; il est lui-même un problème qui demande une solution.

### *Système de M. Hermitte.*

M. Hermitte a proposé, comme M. Glais-Bizoin, la suppression de l'octroi au moyen de l'abandon fait par l'Etat des mêmes contributions directes. Mais, préoccupé de combler le déficit en résultant pour le Trésor, M. Hermitte conférait à l'Etat le monopole des assurances.

Nous ne faisons que signaler ce système ; de même que l'impôt sur le revenu, le monopole des assurances est une question trop grosse de conséquences pour être résolue en même temps que celle des octrois. Appuyée sur des bases aussi discutées, la réforme des octrois risquerait trop de ne jamais aboutir.

### Système de M. Boiteau.

En 1867 (1), M. Boiteau demandait qu'on substituât aux octrois des taxes directes locales. Estimant à 150 millions de francs le produit net des octrois, il avait recours aux deux moyens suivants pour équilibrer les budgets municipaux.

1º L'impôt des patentes devenait un impôt exclusivement communal ; l'Etat renonçait à toute contribution établie sur les revenus industriels ou commerciaux. L'abandon consenti par l'Etat au profit de toutes les communes devait procurer 68 millions de francs ; sur cette somme 60 millions devait revenir aux communes à octroi.

2º Pour compléter la somme de 150 millions de francs nécessaire à la réforme, M. Boiteau proposait : une taxe sur les loyers et une taxe sur les revenus. Ces contributions, dont il ne déterminait pas les conditions d'application, devaient être établies seulement dans les villes où les octrois auraient été abolis et n'auraient frappé que 8 millions d'habitants. Les anciennes villes à octroi devaient, en

(1) *Journal des Economistes*, avril 1867.

outre, payer le déficit résultant pour l'État de l'abandon de la contribution des patentes, soit 68 millions de francs ; la taxe sur les loyers et la taxe sur les revenus devaient donc produire la somme de 158 millions sur lesquels le Trésor public aurait prélevé sa part.

La réforme, qui paraissait déjà difficile à cette époque, ne pourrait s'effectuer aujourd'hui. Les chiffres sont loin d'être les mêmes, puisque le produit des octrois s'est augmenté depuis de plus de 100 millions ; les difficultés que présentait le système de M. Boiteau sont devenues aujourd'hui insurmontables.

### Système de M. de Lavergne.

Un autre économiste, M. de Lavergne, a proposé le système suivant (1) :

Il divisait le produit des octrois en quatre parties : le premier quart représente les frais de perception qu'il évalue à 12 0/0 et les économies qui peuvent être réalisées sur les dépenses des villes, soit 13 0/0. Il décharge les contribuables du premier quart. Pour remplacer le second quart, il demande à l'Etat l'abandon au profit des villes à octroi et jusqu'à due concurrence, du principal de l'impôt foncier. La troisième quart serait obtenu à l'aide de centimes additionnels à la contribution personnelle-mobilière. Enfin le dernier quart serait fourni par des centimes additionnels aux trois autres contributions directes.

(1) *Journal des Economistes*, 1866.

La répartition des centimes additionnels correspond à une idée de justice; M. de Lavergne a remarqué que les dépenses communales profitent tantôt aux seuls habitants de la commune, tantôt à la fois aux habitants et à ceux qui y possèdent des propriétés. Mais, en fait, l'application d'une semblable réforme ne serait pas possible.

Le premier quart, qui représente les frais de perception et les économies réalisables, ne peut être ainsi déterminé *à priori*, les frais de perception variant dans chaque commune et les économies réalisables dans certaines villes ne l'étant pas dans d'autres.

L'Etat ne saurait, d'ailleurs, faire gratuitement l'abandon aux communes du principal de l'impôt foncier, l'état des finances ne lui permettant pas de renoncer à une si importante recette, et alors même qu'il le pourrait, toutes les communes n'y trouveraient pas une compensation suffisante.

Enfin, il faut ajouter que le nombre des centimes additionnels qu'il faudrait établir, soit à la contribution foncière pour remplacer le troisième quart, soit aux trois autres contributions directes pour le quatrième quart, serait considérable, que l'application en serait très difficile et dangereuse pour la rentrée de l'impôt.

*Système de M. Deloynes* (1).

Après avoir fait ressortir la différence qui existe entre l'Etat et les communes au point de vue fiscal, M. Deloynes

(1) *Les octrois et les budgets municipaux.* Étude sur l'organisation communale par P. Deloynes. Paris, Guillaumin et C°, 1871.

conclut que les villes doivent pourvoir à leurs besoins par des contributions directes, puisque les dépenses municipales profitent aux habitants des communes et à ceux qui y possèdent des propriétés. « Pour qu'aucune erreur ne soit commise, pour que la contribution ne frappe pas un étranger, la taxe doit atteindre directement la personne de l'habitant et du propriétaire (1) ».

L'auteur du projet examine ensuite l'ensemble des impôts directs, qui ont pour but d'atteindre les revenus des citoyens dans toutes leurs sources qui peuvent être ramenées à trois : la propriété foncière, la propriété mobilière, la propriété industrielle et commerciale.

Les revenus territoriaux payent l'impôt foncier, les revenus industriels et commerciaux acquittent l'impôt des patentes ; quant aux revenus mobiliers, le législateur, craignant de se livrer à une inquisition odieuse pour en déterminer le montant, a préféré se fier à des présomptions tirées de signes apparents. Partant de cette idée que la valeur locative de la demeure du contribuable est le signe de son revenu, il a établi proportionnellement la contribution personnelle et mobilière.

Mais cette taxe ainsi établie, la loi ne tient plus compte de la source des revenus, et dans ces conditions l'impôt mobilier fait double emploi avec l'impôt foncier et la patente. Il y a là une injustice évidente qui n'avait pas échappé à l'Assemblée constituante : l'article 19 de la loi

_________________

(1) P. Deloynes. — *Les octrois et les budgets municipaux. Étude sur l'organisation communale. — 1871.*

du 13 janvier 1791 reconnaissait au propriétaire foncier le droit de faire déduire pour le calcul de l'impôt mobilier le revenu à raison duquel il acquittait la contribution foncière ; mais, depuis, cette réserve a été abrogée.

De même que la contribution mobilière, la contribution des portes et fenêtres introduite par la loi du 4 frimaire an VII présente la même injustice; elle n'est d'ailleurs qu'un supplément de l'impôt mobilier et devrait disparaître avec lui.

Mais si ces deux contributions font double emploi avec l'impôt foncier et l'impôt des patentes, il est cependant juste que les revenus des capitaux mobiliers contribuent pour leur part aux dépenses publiques et M. Deloynes proposait : une taxe de 5 $^o/_o$ sur le revenu des actions et obligations de toutes les sociétés indistinctement; ainsi les sociétés formées par l'exploitation des mines ne constituent pas des sociétés commerciales (art. 32, loi du 21 avril 1810) et comme telles ne payant pas patente devraient aussi acquitter l'impôt; — une taxe de 5 $^o/_o$ sur le revenu des créances hypothécaires et chirographaires.

Pour les obligations hypothécaires, les obligations notariées et celles qui sont constatées par jugement, l'Etat en connaît l'existence au moment où elles sont présentées à l'enregistrement; l'impôt serait payé par le créancier. Il ne serait perçu que s'il devait être payé des intérêts et jusqu'au jour où la créance étant éteinte la quittance de la dette serait présentée à l'enregistrement. De cette manière le nombre des quittances enregistrées serait augmenté et l'Etat, indépendamment de l'impôt nouveau, verrait s'accroître les produits de l'enregistrement. Quant aux créances chirographaires, on imposerait au créancier l'obligation de présenter le titre de sa créance au receveur de l'enregistrement de son domicile dans un certain délai. Ce fonctionnaire serait chargé d'y apposer un timbre spécial et de constater sur un registre particulier l'accomplissement de cette formalité, le nom du créancier, le montant de la créance et des intérêts qu'elle produit.

L'apposition de ce timbre spécial ne devant avoir lieu que dans l'intérêt du Trésor serait gratuite ou tout au moins très peu coûteuse.

Quant à la sanction qui devait compléter cette loi, M. Deloynes, trouvant trop rigoureuse l'annulation d'un titre qui n'aurait pas été soumis à ces formalités, propose seulement de priver de son revenu le contribuable qui a voulu échapper à l'impôt. A cet effet, si le contribuable n'a pas présenté au receveur de l'enregistrement le titre de sa créance, les intérêts ne courraient à son profit que du jour où le timbre y aurait été apposé et on pourrait aussi le condamner au payement du double droit pour les années qui se sont écoulées depuis la création du billet. Enfin, pour empêcher qu'on ne date pas l'acte qui constate la créance, tout créancier, qui demandera en justice le payement d'une année d'intérêt par exemple, devra présenter un titre déjà revêtu du timbre spécial, 11 mois au moins avant l'échéance ; de cette façon on sera certain que le créancier aura bien acquitté l'impôt pour le revenu qu'il demande en justice. Faute de quoi son action sera déclarée non recevable par les tribunaux et il sera passible d'une amende déterminée.

Lorsque la dette aurait été soldée en totalité ou en partie, le titre serait porté au même fonctionnaire qui, à l'aide d'un autre timbre ou d'une mention spéciale, en constaterait l'extinction et l'impôt cesserait d'être perçu.

Ainsi l'Etat abandonnerait aux communes l'impôt personnel et mobilier et la contribution des portes et fenêtres et il créerait un impôt de quotité sur les revenus des valeurs mobilières. La réalisation de cette réforme, conforme aux règles de la justice, et aux intérêts du Trésor, permettrait en même temps la suppression des octrois.

En effet, l'auteur du projet proposait d'abandonner la contribution personnelle et mobilière, et celle des portes et fenêtres, à toutes les communes de France. De cette façon les communes conserveraient leur autonomie; les conseils électifs restant chargés de déterminer le montant de l'impôt suivant les besoins communaux et dans la limite d'un maximum fixé par le législateur.

L'impôt rentrerait facilement parce qu'il se présenterait devant les contribuables sous la forme d'un impôt qu'ils ont déjà l'habitude de payer. Il serait conforme aux exigences de la justice puisqu'il frapperait également tous ceux qui profitent des services municipaux; les habitants, les commerçants et les propriétaires fonciers.

Les communes rurales qui manquent de ressources et qui sans cesse sollicitent des subventions du département ou de l'Etat trouveraient des subsides qui en même temps qu'ils assureraient leur indépendance financière dégrèveraient leur budget dans une large mesure, et permettraient d'accomplir des travaux utiles, indéfiniment ajournés. Quant aux communes à octroi, si elles ne trouvaient pas dans les ressources ainsi mises à leur disposition l'équivalent de leurs anciennes taxes, elles devraient chercher le surplus au moyen de taxes directes nouvelles et spécialisées.

En recevant sa quote d'impositions, le contribuable saurait ce que lui coûte chaque service municipal et il pourrait exercer une surveillance de tous les instants et empêcher dans une grande mesure le gaspillage financier des villes que le système des taxes indirectes ne fait qu'encourager.

Tel est le système que préconise M. Deloynes.

Encore faut-il après avoir admis le principe des taxes spéciales dans la législation en déterminer la répartition. La justice exige que ceux-là participent aux dépenses publiques qui profitent des services municipaux ; mais l'application de cette idée pourrait présenter de nombreuses difficultés. Voici comment M. Deloynes proposait de résoudre le problème.

Il divisait en quatre classes les dépenses municipales. Dans la première seraient compris : les frais occasionnés par l'entretien ou l'amélioration des propriétés communales, le traitement des gardiens, les frais de perception des divers péages établis en faveur des communes, les dépenses des réparations de l'église et du presbytère, les frais du cime-

tière, les primes d'assurances des édifices communaux
contre l'incendie, le payement des intérêts et l'amortisse-
ment des dettes qui ont été contractées pour couvrir ces
dépenses, et enfin les contributions mises à la charge de la
commune.

Ces dépenses devraient être couvertes par les revenus
des propriétés communales et les divers droits de péages
perçus dans la commune. En cas d'insuffisance de ces
ressources et après y avoir affecté le produit des impôts
municipaux sur les chiens, les voitures, etc., on établirait
une taxe particulière sur tous les intéressés.

La deuxième classe embrasserait les dépenses qui ne
profitent qu'aux habitants de la commune, telles que les
dépenses du service des eaux, les frais de pavage, d'éclai-
rage, de salubrité publique et les dépenses des pauvres.
Pour y faire face, les excédents de recettes de la première
classe seraient d'abord répartis entre ces différents chapi-
tres et proportionnellement au chiffre de chacun d'eux.
Pour compléter les sommes nécessaires à ces services, on
établirait des taxes spéciales réparties entre les habitants
de la commune au prorata du principal réuni des impôts
personnel et mobilier et des portes et fenêtres.

Dans la troisième classe rentreraient les dépenses qui
profitent à la fois aux habitants et à la propriété bâtie, tels
les frais du service contre l'incendie; ces dépenses seraient
supportées moitié par les habitants, moitié par ceux qui
possèdent des propriétés bâties dans la commune. Elles seraient réparties entre les habitants au prorata du princi-

pal réuni des impôts personnel et mobilier et des portes et fenêtres ; entre les propriétaires, au prorata du revenu cadastral de leurs propriétés bâties.

Enfin la quatrième et dernière classe comprendrait les dépenses d'intérêt véritablement général qui profitent indistinctement à tous, telles que :

1º les dépenses de voirie ;

2º les frais d'administration et de police ;

3º les dépenses militaires, frais d'équipement des hommes qui appartiennent à l'armée.

Des taxes locales réparties par tiers entre les propriétaires, les habitants et les commerçants et industriels au prorata de l'impôt foncier, du principal des contributions personnelle et mobilière et de l'impôt des patentes, devraient compenser ces dépenses.

Ces taxes locales conformes aux règles de la plus stricte justice auraient de nombreux avantages, elles feraient payer les dépenses à ceux-là qui en retirent avantage. Elles rendraient facile le contrôle des intéressés et aboutiraient à une bonne gestion des finances municipales.

Aussi est-ce bien à ce dernier système que s'adressent les préférences de M. Deloynes. Nous croyons que seul il serait d'une application difficile à cause de l'énormité des taxes qu'il faudrait percevoir à l'heure actuelle, mais la répartition de ces taxes spéciales était intéressante à signaler.

Aujourd'hui la réforme préconisée par M. Deloynes qui était possible à la fin du second empire est irréalisable.

Les ressources que M. Deloynes proposait de créer pour indemniser l'Etat figurent en partie dans son budget; la loi du 29 juin 1872 ayant créé un impôt de 3 % sur le revenu des actions et obligations (1).

Mais, ce qu'il importe de retenir, ce sont les principes sur lesquels elle repose, principes qui sont tonjours applicables.

A l'heure actuelle les revenus de l'octroi se sont accrus dans des proportions considérables et il ne suffirait pas d'abandonner aux communes plusieurs des contributions directes perçues par l'État pour qu'elles trouvent l'équivalent de leurs recettes. Suivant l'importance de leur budget, elles devraient recourir à des taxes directes spéciales et dans une mesure plus ou moins grande. La classification de M. Deloynes, conforme aux règles de la plus stricte équité, offre des avantages considérables et devrait servir de base à la création des taxes nouvelles locales qui seraient les ressources complémentaires nécessaires pour l'équilibre de chaque budget municipal.

_______

(1) Cette loi a été complétée par la loi du 21 juin 1875 soumettant au droit les primes et lots qui échappaient à l'impôt. — La quotité de l'impôt a été portée à 4 % par la loi du 26 décembre 1890.

### 2°. Création d'un fonds commun

*Système de M. Alglave. — Monopole de l'alcool.*

M. Alglave (1) propose un autre mode de remplacement des octrois ; il s'agirait de faire un fonds commun pour les communes avec une surtaxe d'un cinquième à l'impôt sur les alcools, organisé en une sorte de monopole.

En 1872, on cherchait le moyen de rétablir l'équilibre rompu dans les finances par nos désastres de la guerre. M. Alglave proposa alors une refonte des taxes sur le tabac, qui, adoptée quinze jours après par le gouvernement et la commission du budget, permit de trouver exactement le produit calculé, soit quarante-deux millions.

S'appuyant sur les mêmes principes, M. Alglave offre de trouver « un autre impôt analogue, d'une application facile et sûre pour l'Etat, n'entraînant aucune gêne nouvelle pour le contribuable et permettant de supprimer non seulement 800 millions de taxes indirectes, mais encore l'octroi ».

« L'impôt du tabac, dit-il, est très productif et peu gênant, tandis que les autres sont à la fois peu productifs et prodigieusement gênants. Je suis arrivé à constater que si les impôts indirects actuels sont tous mauvais à

(1) M. E. Alglave, professeur de science financière à la Faculté de Droit de Paris. *Le monopole facultatif de l'alcool comme moyen de suppression des impôts indirects et de l'impôt foncier.*

certains points de vue, il y a cependant une forme de perception qui leur enlève presque .tous leurs inconvénients ; c'est la forme du monopole.

Par exemple, on reproche aux impôts indirects de coûter cher à percevoir et de provoquer des fraudes nombreuses. Avec le monopole, ils peuvent se percevoir presque sans frais et la fraude devient à peu près impossible ».

Comparant le tabac et l'alcool au point de vue du taux de la taxe et de la fraude, il nous montre que le tabac qui supporte un impôt représentant à peu près six fois et demie son prix normal n'est guère fraudé ; un vingtième de la consommation dans son ensemble échappe seulement à la taxe. L'alcool, au contraire, voit la fraude s'élever au tiers de la consommation, alors que l'Etat le frappe seulement d'un droit de 156 francs, c'est-à-dire du double de son prix.

Cette différence s'explique par le procédé de perception, l'impôt du tabac rentre beaucoup mieux parce que c'est un monopole, et il entraîne aussi moins de vexations.

Or, l'alcool comme le tabac présente ce caractère « d'être une denrée de consommation très générale et très tenace, quoique n'étant pas du tout de première nécessité, et de se consommer par quantités petites et de faible valeur, de sorte que l'impôt se dispense et peut atteindre une quotité très élevée sans ralentir la consommation ». On peut donc atteindre fortement l'alcool par l'impôt, et le meilleur système est le monopole qui empêche la fraude et diminue les vexations.

D'ailleurs, le monopole que propose M. Alglave ne sera pas un monopole complet comme celui du tabac; c'est un monopole qui ne dérangera aucune industrie, qui produira tous ses avantages fiscaux sans engendrer en même temps ses inconvénients industriels; ce qu'on pourrait appeler le monopole de la dernière vente en gros.

« L'Etat n'interviendrait aucunement dans les fabrications de liqueurs alcooliques ou dans le commerce de détail, et les marchands continueraient à commercer entre eux et avec l'étranger comme aujourd'hui; seulement avant d'arriver aux marchands de détail, les liqueurs devraient passer par les mains de l'Etat, et encore pourrait-on toujours échapper à cette obligation en payant une taxe un peu plus élevée. »

L'Etat achèterait les eaux-de-vie communes, qui représentent les 95 centièmes de la consommation par voie d'adjudications très fractionnées et très multipliées, de telle sorte qu'il y aurait à peu près autant d'actes de vente distincts qu'aujourd'hui et que l'organisation générale du commerce serait peu modifiée. Après avoir vérifié la pureté de ces eaux-de-vie, on les mettrait dans des bouteilles d'un demi-litre et d'un quart de litre portant des signes très visibles de reconnaissance.

Ces bouteilles seraient ensuite vendues au comptant, sans aucune formalité, et expédiées, au besoin, sur simple demande, aux débitants ou marchands quelconques. Tout débitant de boissons serait tenu d'en avoir, les vendrait d'après le tarif fixé par l'Etat, et, sur le prix de vente tarifé

(Chamberet)                                                 7 recevrait une remise de 10 %, supérieure à celle qu'on accorde aux débitants de tabacs et qui leur constitue de fort beaux bénéfices.

Il serait défendu de transvaser les liqueurs dans d'autres bouteilles que les bouteilles de l'Etat, lesquelles formeraient la preuve du payement de l'impôt.

Le système dont nous venons de donner une rapide analyse devrait être une source de produits considérables. En supposant les liqueurs communes à 40° centésimaux, le litre atteindrait le prix de 4 francs, c'est-à-dire qu'on aurait un produit brut de 1.000 fr. par hectolitre d'alcool pur. Or, en 1879, le fisc a perçu des droits sur 1.161.000 hectolitres d'alcool pur. Le produit total serait donc de 1 milliard 161 millions, d'où il faudrait déduire :

| | |
|---|---:|
| 10 % pour la remise aux débitants . . . | 116 millions |
| 10 % pour l'achat et la manutention de l'alcool. . . . . . . . . . . . . . . | 116 millions |
| Total . . . . . | 332 millions |

qui retranchés du produit brut donneraient un produit net de 929 millions.

Avec cette somme, M. Alglave propose de supprimer les 780 millions d'impôts indirects sur les vins, cidres, poirés, hydromels, bières, huiles, papier, sucre, allumettes et aussi les octrois.

Toutefois, pour ne pas faire une faveur aux villes à octroi, qui représentent le quart de la population totale de la France et pour faire participer toutes les communes à son système, il propose de répartir le fonds commun, formé en élevant le prix du litre d'eau-de-vie de 4 à 5 francs, entre toutes les communes de France, en prenant comme base de répartition la consommation locale en alcool.

Le monopole de M. Alglave a l'avantage de réaliser un double but : la perception de l'impôt et la vérification de la pureté des alcools ; c'est un monopole à la fois fiscal et hygiénique.

Mais ce système très ingénieux a contre lui tous les adversaires des monopoles d'État, qui lui reprochent de porter atteinte à la liberté du commerce et de détourner l'État de son véritable rôle. La réglementation compliquée qui serait la conséquence de ce système serait difficilement supportée et l'on pourrait craindre de nombreuses fraudes.

L'État doit acheter par voie d'adjudication publique les quantités d'alcool nécessaires à la consommation du pays. Il n'existera donc plus qu'un seul acheteur : l'État. En dehors des eaux-de-vie fines, qui pourraient se soustraire à ce monopole d'achat moyennant le payement d'une surtaxe, tous les alcools français seront accaparés et emmagasinés par le Gouvernement, qui analysera d'abord chaque lot et rejettera tous ceux qui contiendraient une trop forte proportion d'éléments toxiques.

Une fois ce premier rôle hygiénique rempli, l'État s'occupera de la vente en gros et en détail. Après avoir été l'acheteur unique, il deviendra le vendeur unique, et cette dernière partie de ses attributions ne sera pas la moins délicate.

Mais, en supposant un fonctionnement parfait du système, « est-ce la liberté par le producteur, qui n'a plus devant lui qu'un seul acheteur, qui voit les cours réglés, le
chiffre des affaires limité par le fait de l'extension ou du
resserrement des approvisionnements de cet accapareur
unique, qui ne peut plus recourir aux inépuisables ressources de la spéculation et profiter de ses mille combinaisons
pour le placement immédiat et à terme de ses produits (1) ».

Est-ce la liberté pour le débitant, qui devra s'approvi-
sionner à des dépôts officiels, traiter avec des agents officiels et vendre d'après un tarif officiel ? Le monopole a
beau se dissimuler, il apparaît dès qu'on le regarde en face.

Enfin l'application de ce monopole entraînerait l'organisation d'une vaste régie avec son personnel habituel de
chefs, directeurs, surveillants, commis, entreposeurs, gardiens, préposés, etc. ; ce serait une réforme complète de
l'organisation actuelle.

Laissant de côté les raisons économiques qui font repousser la substitution de l'État aux individualités séparées, on
peut se demander s'il ne serait pas dangereux de demander
la suppression de l'octroi à un nouveau système dont l'application est entièrement à faire et repose sur une nouvelle
organisation des régies financières.

### Le système Belge.

En 1858, la Belgique comptait 78 communes à octrois.
Le produit net des octrois s'élevait à 10.876.185 francs.

(1) M. Stourm, *L'Impôt sur l'alcool.*

Les frais de perception montaient à la somme de 1.500.000 francs environ.

Divers systèmes furent successivement présentés et, en 1847, un arrêté royal du 9 novembre institua une commission d'Etat chargée d'examiner s'il y avait lieu de maintenir ou de transformer les octrois. La commission conclut à l'abolition, mais les moyens qu'elle proposa pour trouver les ressources équivalentes ne furent pas reconnus réalisables (1).

Cependant le travail de la commission ne fut pas stérile; en dépeignant les vices d'un système difficilement transformable, elle avait produit dans le pays une vive impression. Aussi dans le cours de la cession de 1850 à 1851 la Chambre des représentants fut saisie de deux propositions de loi dues à l'initiative parlementaire, et se livra dans ses travaux à une étude appronfondie de la question.

La section centrale s'exprimait ainsi dans son rapport, dans la séance du 22 janvier 1856 : « La section centrale exprime l'espoir que le résumé de ses délibérations, les renseignements qui font l'objet de ce travail et surtout la discussion publique jetteront quelque jour sur l'importante question des octrois si vivement controversée et rapprocheront le moment de sa solution définitive. Dans l'opinion de la majorité de la section centrale, le système des octrois n'est pas exempt de vices. La suppression en est désirable

(1) Exposé des motifs, séance de la Chambre des représentants, 10 mars 1860.

dans l'intérêt des classes laborieuses, dans l'intérêt même des communes.

« Mais quels que soient les inconvénients et les vices de ces taxes, elles ne peuvent être abolies qu'à la condition expresse *d'ouvrir préalablement aux communes des sources nouvelles et suffisantes de revenu...*

« L'initiative, dans une matière aussi importante appartient, d'une part, aux communes intéressées, de l'autre, au gouvernement, qui, placé dans une sphère supérieure, peut *pondérer tous les intérêts*, et dispose de puissants moyens d'action et d'éléments généraux d'appréciation. »

Ce ne fut que quatre ans après, le 7 juillet 1858, que le Conseil provincial du Brabant adopta les conclusions d'un rapport élaboré par une commission formée dans son sein, tendant à ce que les Chambres et le Gouvernement voulussent bien introduire dans le système général des impôts perçus par l'Etat des modifications telles qu'il fût possible d'arriver à l'abolition des octrois communaux. Par décision du 25 février 1859, ce rapport fut renvoyé au département des finances qui, par là, se trouva saisi officiellement de la question.

Le Gouvernement se mit à la recherche d'un moyen permettant de résoudre la difficulté.

M. Frère-Orban, ministre des finances, élabora un projet qui, déposé sur le bureau de la Chambre à la séance du 10 mars 1860, fut voté le 18 juillet de la même année.

Voici les innovations de cette loi :

Un fonds commun était institué pour subvenir aux

besoins des communes urbaines qui voyaient disparaître leur principale ressource ; ce fonds était alimenté par les ressources suivantes que l'Etat abandonnait :

1° 40 °/₀ dans les produits bruts des recettes de toutes natures des postes.

2° 75 °/₀ dans le produit du droit d'entrée sur le café.

3° 34 °/₀ dans le produit des droits d'accise fixés par le chapitre II sur les vins et eaux-de-vie provenant de l'étranger, sur les eaux-de-vie indigènes, sur les bières et vinaigres et sur les sucres (1).

Art. 3. — Le revenu attribué aux communes par l'art. 2 est réparti chaque année entre elles, d'après les rôles de l'année précédente, au prorata du principal de la contribution foncière sur les propriétés bâties, du principal de la contribution personnelle et du principal des cotisations des patentes établies en vertu de la loi du 21 mai 1819, de la loi du 6 avril 1823 et des articles 1er et 2 de la loi du 22 janvier 1849 (*Journal officiel*, n° 34 et n° 14 et *Moniteur*, n° 24).

Le chapitre II s'occupe des modifications aux droits d'accise qui sont augmentés dans une certaine proportion.

(1) Loi du 20 déc. 1862. La part de 40 0/0 et celle de 34 °/₀ allouées aux communes par l'art. 2 de la loi du 18 juillet 1860 (*Moniteur*, n° 201) dans le produit brut du service des postes et dans les produits des droits d'accise mentionnés au chap. ii de cette loi, et des droits d'entrée mentionnés au § 2 de l'art. 4 et la loi du 27 mai 1861 (*Moniteur*, n° 148) sont respectivement fixés à 41 et à 35 0/0 à partir du 21 juillet 1863.

La loi de 1860 a été complétée par celle de 1862 qui a décidé la création d'une réserve destinée à suppléer, le cas échéant, dans les années de crise à l'insuffisance du fonds communal. Elle est formée de l'augmentation de 1 0/0 de la quote-part primitivement allouée aux communes, sur le produit des protêts et de quelques droits d'accise.

En réalité, l'Etat ne fait pas abandon du troisième élément du fonds commun : les droits d'octroi sur les vins et eaux-de-vie furent plutôt transformés que supprimés. Par la loi du 18 juillet 1860, en effet, les droits de douanes sur les vins et eaux-de-vie de provenance étrangère furent augmentés dans une proportion égale au droit moyen d'octroi établi d'après la consommation du royaume en 1858 ; les droits perçus sur la fabrication de l'alcool et de la bière indigènes furent à peu près doublés ; quant au droit sur les sucres, il reçut un léger accroissement.

Le montant des recettes ainsi prélevé sur les produits de l'Etat fixé d'abord à 15 millions de francs garantit aux communes un revenu annuel s'élevant au produit net de leurs octrois, tel qu'il était en 1859 ; le reste est partagé entre les communes rurales au prorata du principal de la contribution personnelle et du principal de la contribution des patentes.

La première année de la mise en vigueur de la loi, les impôts attribués au fonds communal ont produit 15.255.270 francs dont 11.988.085 ont été abandonnés aux communes à octroi, et la différence, plus de trois millions, aux communes rurales.

On a critiqué le mode de répartition de ce fonds communal ; on a dit que l'intérêt des campagnes avait été sacrifié à celui des villes ; les communes rurales ne retirant pas du fonds commun une somme égale à l'impôt payé par leurs habitants. On a été ainsi amené à trouver injuste une législation qui fait supporter les charges à ceux-mêmes qui n'en retirent aucun profit. On a ajouté qu'il aurait été préférable de laisser aux communes le soin de remplacer l'octroi par des taxes locales ou par toutes autres impositions directes perçues par elles.

Mais en admettant que par le nouveau système les villes aient été privilégiées, nous pourrions répondre que les octrois étaient aussi un privilège consacré en leur faveur et dont on ne pouvait les déposséder sans une juste indemnité.

Nous croyons toutefois ces reproches mal fondés. En abolissant les octrois, le législateur belge est parti du principe que la réforme profiterait au pays tout entier, aux campagnes comme aux villes, et en celà il n'a pas eu tort, car la suppression des octrois intéresse au plus haut point les intérêts agricoles. D'ailleurs, la loi assurait dès le début aux campagnes une part de trois millions de francs, et cette part devait s'accroître chaque année. Si cette part n'indemnisait pas entièrement les communes sans octroi des sacrifices qu'on leur demandait, il ne faut oublier que l'indemnité ainsi accordée aux villes n'était que temporaire. Tandis que la part revenant aux villes à octroi devait rester fixe pendant un certain temps, celle des communes rurales devaient s'augmenter dans de grandes proportions ; dans la mesure de l'accroissement du revenu des impôts assurant le fonds communal.

Les prévisions du législateur se sont entièrement réalisées ; les communes rurales ont reçu, en 1886, 13.150.571 fr. du fonds commun et les communes à octroi 14.783.898 fr., ce qui ne permet plus de dire que les communes sont lésées. Il est vrai qu'il a fallu vingt-cinq ans pour arriver à ce résultat ; mais il faut tenir compte aussi de l'amélioration qui s'est produite immédiatement dans la situation économique des campagnes ; aussi longtemps que la libre concurrence n'a pu produire tous ses effets, le bénéfice des producteurs s'est trouvé augmenté d'une partie des droits d'octroi supprimés ; tous ceux qui font vivre la ville, et ils sont légions, ont profité de ce surcroît de bénéfice ; aussi cet état bien que transitoire a servi admirablement l'application de la loi. Les communes rurales se sont crues si peu lésées qu'elles n'ont formulé aucune réclamation, la loi leur a été très avantageuse, comme le prouvent les chiffres suivants.

Avant l'abolition des octrois, les recettes ordinaires des communes belges s'élevaient à 12 millions de fr., y compris 4 millions environ de cotisations personnelles. En 1861, la quote-part du fonds commun s'élevant à plus de 3 millions de francs leur a permis de réduire les cotisations personnelles à 850.000 francs et d'augmenter les sommes consacrées aux services de l'instruction primaire et de la voirie vicinale de 1.850.000 francs ou de 28 %.

Quant à ceux qui demandaient de laisser aux communes le soin de remplacer leurs octrois soit par des taxes locales analogues à celles qui existent en Angleterre, soit par toute autre imposition directe, M. Frère-Orban en a démontré l'impossibilité, il disait que ce système serait forcément injuste et il ajoutait :

« Ce qui se passe aujourd'hui prouve l'accueil qu'aurait reçu une loi décrétant une semblable mesure. En effet, la loi de 1860 alloue aux communes un revenu égal au produit obtenu pendant la dernière année de l'existence de l'octroi. Elle les laisse absolument libres de recourir aux taxes directes pour subvenir aux accroissements de dépenses, mais elle assure le présent ; et c'est cependant de plusieurs de ces communes que s'élèvent les plaintes les plus vives. Peut-on dès lors raisonnablement admettre, quand déjà quelques administrations communales s'effraient à ce point, d'avoir à recourir à des taxes directes pour les accroissements de dépenses seulement, que ces administrations eussent accepté l'obligation de remplacer immédiatement, par des taxes de ce genre, la totalité du produit de l'octroi ? Une telle mesure, qui eût occasionné un bouleversement complet dans les finances communales, aurait certaiment soulevé une opposition invincible. » (1).

C'est, en effet, les communes à octroi qui manifestaient des craintes sur les moyens de pourvoir à leurs accroisse-

______

(1) Extrait du rapport déposé à l'appui du budget de l'exercice 1863.

ments de dépenses. Elles ont pu faire face à leurs charges nouvelles par des taxes directes, qui ont été justement réglementées. Ces taxes qui n'auraient pu assurer la réforme totale en ont été le complément et ont donné au budget communal l'élasticité qui lui est nécessaire. Les dépenses communales, en effet, sont généralement progressives, les villes ont trouvé moyen d'y faire face par une variété de taxes locales spécialisées selon la nature des dépenses auxquelles leur produit doit pourvoir.

Les communes ne peuvent d'ailleurs établir de taxes directes sans l'approbation du roi, la députation permanente entendue. La première des conditions exigée pour l'établissement d'une taxe communale, *c'est qu'elle constitue la rémunération d'un service rendu* et qu'elle atteigne le contribuable dans la juste proportion du bénéfice qu'il peut en tirer ; si elle violait ce principe fondamental, elle serait immédiatement repoussée.

Cette restriction est une garantie pour les contribuables contre toute tentative de taxation injuste. Elle est absolument nécessaire pour la défense des intérêts de la minorité capitaliste, là où les conseils municipaux ne sont pas élus au suffrage restreint. S'il en était autrement, l'impôt aurait vite perdu son caractère ; il deviendrait une véritable contribution de guerre perçue sur une classe vaincue au profit du plus grand nombre.

Au surplus, la variété des taxes locales spécialisées selon la nature des dépenses favorise l'égalité en matière d'impôt, parce qu'il a pour but d'atteindre toutes les richesses dans la proportion des avantages qu'elles retirent des services communaux. De même que pour les impôts d'Etat, la multiplicité des taxes assure dans une certaine mesure la péréquation de la totalité de l'impôt demandé, par les inégalités mêmes afférentes à chaque imposition.

Ce système, qui a permis à la Belgique de supprimer complètement ses octrois, a donc donné de très bons résultats.

En 1875, M. Hubert Leemans s'exprimait ainsi dans la *Revue de l'administration et du droit administratif de la Belgique* (1) :

« L'abolition des octrois a été pour la Belgique une des plus heureuses réformes fiscales et économiques de notre époque. Le pays tout entier y a applaudi. Grâce à cette réforme, les murs et barrières qui enserraient nos villes sont tombés, et leur poussière, loin d'être inféconde, répand tous les jours sur notre heureuse patrie de nouveaux germes de prospérité.

Les charges qui pesaient sur la classe ouvrière ont été notablement amoindries. Outre qu'elle participe à tous les avantages résultant de la libre circulation des produits, elle n'a dû payer que d'un fort léger surcroît d'impôt sur la bière et l'eau-de-vie, le dégrèvement d'une foule d'objets de grande consommation et de première nécessité qui étaient frappés de droits d'octroi.

_______________

(1) 1875, 7e, 8e et 9e livraisons.

Quant aux communes rurales, leur situation financière a acquis un degré de prospérité inconnue avant la création du fonds communal, sans accroissement de charges bien sensible pour les habitants. Elles ne payent la jouisssance d'un revenu considérable que par l'augmentation peu importante de droits sur les bières et l'eau-de-vie.

Elles profitent, en outre, de tous les avantages résultant de la liberté de la circulation et du commerce intérieur.

En présence d'une situation si brillante, qui pourrait encore regretter l'abolition des octrois ? Le pays tout entier protesterait contre toute velléité de rétablir un système condamné pour toujours en Belgique.

M. Flourens a dit que, pour remédier au désordre que l'abolition des octrois a jeté dans l'économie de leur budget, les conseils municipaux ont inventé force impôts. Il donne ensuite l'énumération des taxes établies.

L'auteur aurait été exact s'il avait dit le contraire, du moins pour le très grand nombre des 2.568 communes dont se compose le pays. Au moyen des ressources mises à la disposition des conseils communaux par le fonds communal, les collèges ont supprimé ou réduit les cotisations personnelles, et dans beaucoup de localités on a même cessé de percevoir des centimes additionnels au principal des contributions directes.

Cette mesure ne les a pas empêchés d'assurer et de développer les services communaux, tels que la voierie vicinale, l'enseignement primaire et moyen, l'amélioration de la position des secrétaires et employés communaux.

Il est vrai que, dans quelques villes et communes qui percevaient des droits d'octroi, l'accroissement des dépenses a nécessité l'augmentation du nombre des centimes additionnels et la création de taxes spéciales directes.

Mais le même fait s'est produit dans des communes qui ne percevaient pas d'octroi. On ne peut donc tirer de cette circonstance un argument en faveur du maintien de ce dernier impôt. Au surplus, la variété des taxes locales spécialisées selon la nature des dépenses auxquelles leur produit doit pourvoir, est à nos yeux un bien plutôt qu'un mal.

Ce système ne porte aucune atteinte à la justice distributive. Il favorise, au contraire, l'égalité en matière d'impôt, attendu qu'il atteint toutes les richesses dans une proportion équivalente aux avantages qu'elles retirent de la communauté.

Le régime des impôts au profit de l'État, tant en France qu'en Belgique, ne repose-t-il pas également sur la multiplicité et la spécialité des taxes ? »

Malheureusement il semble qu'en France ce système soit d'une application bien difficile. Il ne faut pas oublier qu'en 1860 il n'existait en Belgique que 78 communes à octroi, dont le produit atteignait 12 millions environ, tandis qu'en France nous avons à l'heure actuelle plus de 1.500 communes demandant à l'octroi plus de 320 millions.

Mais, en admettant la réalisation d'un fonds commun suffisant, il est une considération qui empêchera en France l'existence d'un pareil système.

L'intervention de l'Etat telle qu'elle a lieu en Belgique est une atteinte à la liberté communale. Puisqu'en effet les finances des communes dépendent en grande partie du budget général de l'État ; la législation de chaque année peut diminuer ou augmenter les impôts affectés au fonds commun. Or, ce qui constitue l'autonomie communale, c'est le droit de s'administrer soi-même, de se créer des recettes soi-même, le droit enfin d'être soi-même, quand même les finances de l'État seraient troublées. Sans doute l'individualité des communes n'a jamais été complète, elle ne l'est pas encore aujourd'hui, l'État s'est réservé des droits nombreux vis-à-vis des communes ; mais à un moment où les idées de décentralisation sont à l'ordre du jour, on ne pourrait porter atteinte à la liberté acquise. Pendant des siècles les villes ont lutté pour la conquête de leurs droits, il serait difficile de les leur supprimer.

Il y a avantage d'ailleurs à ce que les recettes des communes soient indépendantes de celles de l'Etat ; que les finances de l'Etat soient troublées, rien n'empêchera les communes de disposer des ressources qu'elles perçoivent. Dans le cas contraire, l'Etat, souverain dispensateur du fonds commun, s'empressera, en cas de crise, de lui demander de couvrir une partie de ses dépenses, au grand détriment des différents services des communes.

Ces réserves faites, le système belge présente de nombreux avantages qu'il était intéressant de signaler, puisque la Belgique est le seul pays, ayant un système financier analogue à celui de la France, qui ait résolu le problème.

Aussi croyons-nous que le législateur français peut y trouver d'utiles enseignements : la nécessité de l'intervention de l'Etat, l'impossibilité de remplacer l'octroi par d'autres taxes indirectes au profit des communes, comme la multiplicité et la spécialisation des taxes directes communales, sont les principes primordiaux de ce système qui ont permis à la réforme d'aboutir.

# CHAPITRE III

## LA LOI DE 1897

### 1° Conséquences de la loi de 1897.

Nous avons dit que tous les efforts tentés en France pour arriver à la suppression totale de l'octroi n'avaient abouti qu'à un lamentable échec. La loi de 1897 elle-même qui imposait aux communes l'obligation de réduire leurs droits sur les boissons dites hygiéniques ne put être exécutée à cause de l'impossibilité où se trouvaient la plupart des communes de combler, par des taxes directes, le déficit créé dans leur budget.

Cette loi, qui devait recevoir son application à partir du 31 décembre 1898, conseillait aux communes de pousser plus avant la réforme et d'abolir complètement les taxes existantes sur les boissons hygiéniques et toutes les autres taxes d'octroi. Or, sur 380 communes à octroi, 152 ne purent réaliser à la date indiquée le dégrèvement même partiel, obligatoire aux termes de la loi. Les taxes de remplacement étaient tellement inacceptables qu'il fallut ajourner la mise en vigueur de la loi du 29 décembre 1897.

Or, qu'adviendra-t-il passé les délais successivement accordés ? les difficultés qui se sont produites en 1898 vont se représenter et si la Chambre ne se décide pas à adopter une nouvelle loi, la réforme devrait être indéfiniment ajournée.

La loi de 1897 était sans intérêt pour les petites villes et sans application possible pour les grandes villes.

Pour les petites villes, en effet, la loi n'augmentait en rien la liberté des communes, elle n'apportait aucune facilité nouvelle, et si ces villes n'ont pas fait aboutir la réforme, c'est qu'elles n'ont pas trouvé des taxes de remplacement préférables à l'octroi.

Quant aux grandes villes, pour qui la réforme de l'octroi demandait l'abandon de ressources considérables elles n'ont su proposer que des taxes qui auraient lourdement chargé une minorité de contribuables en faveur d'une majorité qui n'aurait trouvé aucun soulagement appréciable.

Les seules communes qui ont réalisé la réforme sont pour la plupart celles pour qui elle avait le moins d'importance ; des petites communes pourvues d'un octroi où l'alcool fournit la plus forte part du produit de cet octroi et qui ont trouvé dans la facilité que laisse la loi du 29 décembre 1897 de surtaxer l'alcool des recettes au moins égales au dégrèvement partiel des boissons hygiéniques.

Mais toutes les grandes villes qui demandaient le plus ardemment la réforme n'ont pu la faire aboutir, soit par l'impossibilité de la mise en pratique de nouvelles mesures, soit par l'exagération de ces taxes mêmes injustement réparties.

C'est ainsi que Paris, Lyon, Marseille, Rouen, Amiens,

Caen, Orléans, Bourges, Clermont-Ferrand, Bordeaux, Calais, Beauvais, etc., etc., ont profité des dispositions de la loi du 24 décembre 1898 et ont obtenu des décrets les autorisant à proroger leurs taxes.

Pour assurer une réforme partielle de l'octroi, pour exonérer de quelques centimes par jour les habitants de ces villes, en admettant que les intermédiaires n'en profitent pas seuls, il aurait fallu, en effet, grever une minorité de charges écrasantes.

La loi de 1897 n'avait été qu'une funeste réclame électorale auprès des viticulteurs du Midi qui espéraient trouver pour leurs vins un plus grand débouché par la suppression des droits d'octroi qui frappent les boissons hygiéniques.

M. Berthélemy, l'éminent professeur à la Faculté de Droit de Paris, qui, comme adjoint à la ville de Lyon (1), avait déjà eu à s'occuper spécialement du problème de la suppression des octrois pour cette ville, nous donne l'appréciation suivante de la loi de 1897 :

« Cette loi n'a pas été faite en faveur des habitants des villes ; on a dit et redit dans les deux Chambres qu'il s'agissait avant tout de venir au secours de la viticulture. Cela a été affirmé par M. Bardoux, et par M. Cochery, et par M. Mas, et par M. Cot, et par M. Guillemet, et par M. Berry. C'est à la mévente des vins qu'on veut porter remède. Les viticulteurs ne vendront pas plus de vin, puis-

(1) *Revue politique et parlementaire.* Mai 1895. — Juin 1895.

qu'ils vendent tout leur vin ; mais ils vendront leur vin plus cher, quand il y aura moins de droits à payer.

« Certes je ne prétends pas qu'on ait tort de vouloir aider nos paysans. Mais je me demande, tout d'abord, pour quelles raisons on a eu l'idée de les secourir avec l'argent des citadins seuls, au lieu d'employer à cette fin l'argent de toute la France. « Le meilleur remède à la mévente des vins, dit M. Guillemet, c'est l'abaissement des droits d'octroi. » Un autre remède, pourtant, serait au moins aussi efficace, c'est la suppression du droit d'entrée qui se perçoit de la même manière. Pourquoi n'y pas recourir ? Et comment cette idée-là si simple et si juste n'est-elle pas venue à MM. les députés de Paris ? Qu'ils tiennent à dégrever les viticulteurs, nous le voulons bien ; mais il est au moins singulier qu'au lieu de les dégrever à l'aide de taxes nouvelles demandées à tout le monde, ils préfèrent les dégrever à l'aide des taxes payées par leurs seuls électeurs !

.   .   .   .   .   .   .   .   .   .   .   .   .   .   .   .   .   .

La loi de 1897, au moins, apportera-t-elle à la viticulture le Pactole qu'on lui promet ? Les vignerons seraient bien naïfs s'ils escomptaient ces avantages ; pas plus que les Parisiens ils ne profiteront des millions de droits supprimés. Alors où donc ces millions passeront-ils ? On le sait bien à la Chambre, mais on n'a pas osé l'avouer ; ils resteront aux intermédiaires, c'est-à-dire aux marchands de vin (1).

(1) *Revue de Paris,* 15 février 1899.

Ainsi même pour les viticulteurs la loi n'était qu'une mauvaise réclame et n'aurait pas beaucoup amélioré leur sort. Nous ajouterons qu'elle pouvait être très dangereuse dans ses conséquences, suivant le choix des taxes de remplacement.

La loi de 1897 mettait bien à la disposition des communes sous le nom de taxes de remplacement les moyens de réaliser la réforme et sous réserve de la simple approbation préfectorale. C'étaient :

1° Elévation du droit sur l'alcool jusqu'au double du droit d'entrée, décimes compris.

2° Des licences municipales, droit fixe et droit proportionnel.

3° Droit sur les vins en bouteilles, taxe sur les chevaux, mulets, taxe sur les voitures, taxe sur les billards, taxe sur les cercles.

4° 20 centimes additionnels aux contributions directes.

Mais pour la plupart des villes ces moyens étaient insuffisants, et l'art. 5 de la loi de 1897, en donnant aux communes le droit de remplacer leurs taxes d'octroi par des taxes directes sous la réserve de l'approbation législative, devait amener les projets les plus extravagants.

Les conseils municipaux en majorité socialistes voulurent immédiatement dépouiller la propriété individuelle, en attendant de pouvoir la socialiser ; c'est ainsi que le Conseil municipal de Paris s'empressa de mettre ses théories favorites en pratique.

Les taxes de remplacement qu'il a proposées portaient

presque uniquement sur les propriétaires et sans tenir compte de toutes les impositions et de toutes les charges nouvelles qui incombent à ces derniers (1), il acceptait les propositions suivantes :

ARTICLE PREMIER. — Tous les droits d'octroi cesseront d'être perçus, savoir :

a) Le 1er janvier 1899 les droits sur les boissons hygiéniques, vins, cidres, poirés, bières et hydromels.

b) Le 1er janvier 1901, avec une participation financière de l'Etat le surplus de tous les autres droits.

ART. 2. — La première étape concernant les boissons hygiéniques sera réalisée par :

1o La création de 3 décimes additionnels au droit d'Etat sur les successions ouvertes à Paris qui produirait, d'après la moyenne des dix dernières années : (les libéralités faites à l'assistance publique seront exonérées de la taxe sur les successions) . . . . . . . . . . . . . . . . . . 10.800.000

2o La création d'une taxe de 4 °/₀ sur les propriétés bâties imposées soit à la contribution foncière, soit à la contribution des portes et fenêtres, en prenant pour base leur revenu net imposé, soit 625 millions. . . . . 25.000.000

_________

(1) Il ne faut pas oublier, en effet, que, par l'application de la loi du 8 avril 1890, qni fait de la contribution foncière des propriétés bâties un impôt de quotité, la contribution des propriétés bâties a été augmentée dans une forte proportion ; elle supporte un nombre de centimes beaucoup plus considérable que les trois autres contributions directes ; elle paye la taxe de balayage, elle supporte à chaque instant de lourdes charges, telles que l'obligation de l'installation du tout à l'égout, enfin les remises pour non location ne sont accordées que s'il y a eu une année entière et consécutive de vacance.

3º La suppression du prélèvement annuel effectué sur les produits de l'octroi pour acquitter les taxes personnelles de tous les imposables et pour alléger la contribution mobilière des loyers au-dessous de 1.374. . . . .   4.600.000

4º La création d'une taxe de 2 francs 666 º/₀ sur le revenu net des propriétés bâties, laquelle serait exigible du locataire, à raison de 2 º/₀ pour les loyers commerciaux et d'habitation, et de 1 fr. 78 pour les loyers d'usines . . . . . . . . . . . . . . . . . . .   15.951.000

5º La création d'une taxe égale à la taxe en principal perçue par l'Etat sur les cercles, sociétés et lieux de réunion. . . . . . . . . . . . . . . . . . .   630.000

6º Une majoration de 25 º/₀ de la taxe de balayage actuelle . . . . . . . . . . . . . . . . . .   1.000.000

Total . . . . .   57.981.000

Deuxième étape :

1º Taxe de 0 fr. 55 º/₀ sur la valeur vénale du sol bâti ou non bâti . . . . . . . . . .   33.000.000

2º Taxe sur le cube des constructions nouvelles . . . . . . . . . . . . . . . . . . .   6.000.000

3º Deux nouveaux décimes sur les successions. . . . . . . . . . . . . . . . . . .   7.200.000

4º Impôt locatif . . . . . . . . . . . . .   16.000.000

5º Taxe sur les chevaux, voitures et automobiles . . . . . . . . . . . . . . . . . .   6.000.000

6º Taxe d'assistance publique . . . . .   30.315.000

7º Taxe d'incendie.. . . . . . . . . . . .   3.317.645

Total des deux étapes. . . .   160.313.645

Telles étaient les prétentions du Conseil municipal de Paris. Il suffit de jeter un coup d'œil sur cette nomenclature pour voir que la propriété bâtie supportait presque totalement la réforme. Il faut tenir compte, en effet, qu'indépendamment des taxes perçues directement sur les propriétés bâties, plusieurs autres taxes ayant une base différente seraient aussi supportées en fin de compte par les propriétés.

Aussi a-t-on pu établir le tableau suivant des charges que l'on voulait demander à la propriété parisienne (1) :

| | |
|---|---:|
| Taxe municipale sur les successions . . . . | 10.800.000 |
| Taxe de 4 % sur le revenu net de la propriété bâtie. . . . . . . . . . . . . . . . . . . | 25.000.000 |
| Taxe de 2.66 % (chiffre de M. Rendu). . . | 5.000.000 |
| Taxe de balayage . . . . . . . . . . . . . | 1.000.000 |
| Total. . . . | 41.800.000 |

Ce qui pour la première étape seulement représente plus de 233 centimes additionnels à la contribution foncière que les propriétaires supporteraient seuls, car l'augmentation des charges ne pourrait entraîner l'augmentation des loyers et constituerait simplement pour les propriétaires une diminution de revenus.

Le rapporteur du projet, M. Veber, était lui-même de cet avis lorsque, répondant à ceux qui craignaient une repercussion des taxes sur les propriétaires au détriment des locataires, il rappelait qu'en 1891, alors que le principal

_______________

(1) *Journal de la Chambre des Propriétaires,* 16 juillet 1898.

de la contribution foncière venait de supporter à Paris une augmentation, il n'y eut pas de hausse dans les prix des loyers, mais une baisse sensible dans certains quartiers.

Si on ajoute à ce chiffre les taxes permettant de réaliser la deuxième étape, nous trouvons :

Chiffre de la première étape. . . . . . . . . 41.800.000

1° Taxe de 0.55 % sur la valeur vénale du sol bâti ou non bâti. . . . . . . . . . . . . . . . 33.000.000

2° Taxe sur le cube des constructions nouvelles. . . . . . . . . . . . . . . . . . . . . . . . 6.000.000

3° Deux nouveaux décimes sur les successions . . . . . . . . . . . . . . . . . . . . . . . . 7.200.000

4° Impôt locatif. Part dont la répercussion ne pourra se faire sur le locataire et qui devra être payée par le propriétaire. Environ . . . 5.000.000

5° Taxe d'incendie (en tenant compte de la majoration inévitable des primes) . . . . . . 2.000.000

6° Taxe d'assistance publique . . . . . . . . 12.500.000

Total . . . . 107.500.000

Soit sur un total de 160.000.000 de taxes nouvelles environ 67 % demandé à la propriété immobilière. Si on traduit en centimes additionnels à la contribution foncière des propriétés bâties ce chiffre de 107 millions 1/2, la valeur du centime étant de 179.170 francs, cette somme représenterait 600 centimes additionnels.

Or, c'est déjà la contribution foncière qui supporte le nombre le plus considérable de centimes additionnels com-

munaux (1), et il n'est pas exagéré de dire que la réalisation de ces projets aurait constitué la ruine de la propriété
bâtie. C'était l'injustice même poussée jusqu'à la spoliation.

D'ailleurs, nous trouvons dans la réponse de M. Veber
aux conseillers qui défendaient la cause de la propriété
bâtie, l'indication de l'état d'esprit qui anime la majorité
du Conseil municipal :

« On a attaqué, dit-il, la taxe sur la propriété bâtie et
non bâtie ; si, grâce à un mouvement révolutionnaire ou à
une subite conversion générale aux théories socialistes,
nous donnions la majorité, nous demanderions l'expropria-
tion de toutes les propriétés immobilières.

« Des gens pondérés qui, dans leurs pays, ont exercé
des pouvoirs légalement conférés, des administrateurs
éprouvés, des savants ont soutenu cette doctrine que, de
même qu'il existe des services publics de transports, il doit
exister des services publics de logements.

« Ils estiment qu'il serait préférable que toutes les maisons appartiennent à la commune, à laquelle les locataires
payeraient leurs loyers, au lieu de les payer à un propriétaire particulier ».

Cette déclaration est bien nette ; elle montre que la

(1) Voici comment ils se répartissent :
    Contribution mobilière. 54 centimes communaux.
    Patentes . . . . . . . 27    —      —
    Portes et fenêtres . . 49    —      —
    Contribution foncière. 74    —      —

question de l'octroi est mise tout à fait à l'arrière-plan. Sans doute, on le supprimera ; mais ce qu'il importe avant tout, c'est d'arriver à la main mise de la commune sur la propriété privée et d'aboutir à la réalisation de ce programme en commençant par lui réclamer des impôts tellement exagérés qu'ils ne sont qu'un commencement de confiscation.

Tels étaient les projets primitifs du Conseil municipal de Paris. Devant l'exagération de ces taxes, le Gouvernement déclara qu'il ne saurait les présenter au Parlement ; il leur reprochait, en outre, de se superposer aux impôts d'Etat, tel l'impôt de trois décimes sur les sucessions et la taxe de 4 0/0 sur le revenu net des propriétés bâties.

La commission du Conseil, après plusieurs entretiens avec le ministre des finances, se remit à l'œuvre et M. Adrien Veber déposa un nouveau rapport, diminuant le montant des sommes réclamées aux successions et à la propriété bâtie, augmentant les droits sur l'alcool et créant des licences municipales.

Voici quelles étaient ces taxes :

1º Une taxe de 1 décime 1/4 additionnel au droit d'Etat sur les successions ouvertes à Paris qui produirait. . . . . . . . . . . . . . . . . . . 5.687.500 »

2º La suppression du prélèvement annuel effectué sur les produits de l'octroi pour acquitter les taxes personnelles de tous les imposables et pour alléger la contribution mobilière des loyers au-dessous de 1.374 fr. . . . . . . . . . . 4.600.000 »

3° Une taxe de 2 °/₀ sur les propriétés bâties imposées soit à la contribution foncière, soit à la contribution des portes et fenêtres en prenant pour assiette leur revenu net imposé . . . . . . . . 12.500.000 »

4° Une taxe de 2 fr. 66 °/₀ sur le revenu net des propriétés bâties, laquelle serait exigible du locataire à raison de 2 °/₀ pour les loyers commerciaux et de 1,78 pour les loyers d'usines. . . . . . 15.951.000 »

5° Une taxe égale à la taxe en principal perçue par l'Etat sur les cercles, sociétés et lieux de réunions. . . . . . 630.000 »

6° Une majoration d'un tiers de la taxe de balayage actuelle . . . . . . . . . 1.000.000 »

7° Une taxe provisoire de 76 fr. 20 par hectolitre d'alcool . . . . . . . . . . 13.965.000 »

8° Un impôt sur les marchands de boissons en détail établi d'après un tableau annexé. . . . . . . . . . . . . . . 3.237.009 75

Total. . . . . 57.571.009 75

Nous ajouterons que, fidèle à son programme, la majorité du Conseil municipal avait rejeté cette huitième taxe et l'avait remplacée par l'élévation à 85,20 de la taxe sur l'alcool et par l'imposition des absinthes. On remarquera aussi que, malgré les observations présentées par le Parlement, toutes ces taxes, sauf celle du balayage, viennent se superposer à des impôts d'Etat.

La taxe sur les successions s'ajoute aux droits de mutation après décès ; la taxe de 2 %, à l'impôt foncier des propriétés bâties ; la taxe de 2 fr. 66 % exigible des locataires pour partie seulement s'ajoute à la contribution foncière, à la contribution mobilière, à l'impôt des portes et fenêtres et à l'impôt des patentes ; la taxe sur les cercles double l'impôt déjà perçu par l'Etat et celle de l'alcool s'ajoute aux droits perçus par l'Etat sur ce produit.

D'ailleurs, et c'est un des points du problème que nous verrons plus loin, il est impossible de trouver une matière imposable sur laquelle l'Etat n'ait déjà mis la main ; nous ne ferons qu'examiner en ce moment les diverses taxes de remplacement qui, bien qu'écartées à l'heure actuelle par le vote de la Chambre des Députés, méritent cependant d'être discutées comme étant susceptibles de revenir devant le Parlement.

La proposition du Conseil municipal fut renvoyée à la Commission du budget. Voici avec leur produit présumé les taxes qui furent proposées au vote de la Chambre :

| | |
|---|---:|
| 1 décime 1/4 % sur l'impôt successoral. . | 3.640.000 |
| Taxe foncière 2 %. . . . . . . . . . . . | 12.800.000 |
| Taxe locative 2,66 % . . . . . . . . . . | 15.951.000 |
| Taxe sur les cercles . . . . . . . . . . | 630.000 |
| Taxe de balayage . . . . . . . . . . . . | 1.000.000 |
| Taxe de l'alcool. . . . . . . . . . . . . | 15.615.000 |
| Taxe sur les absinthes et similaires . . . | 6.600.000 |
| Total. . . . . . . | 56.236.000 |

La taxe municipale sur les successions fut discutée la première et repoussée par 258 voix contre 231. C'est ce rejet qui a heureusement entraîné l'ajournement du projet relatif à la ville de Paris.

### 2° Examen de quelque taxes communales de remplacement.

1° *Taxe sur les successions*. — Comme droit de remplacement, une taxe municipale sur les successions se présente sous un aspect assez séduisant : la facilité de la perception. Il suffirait, en effet, d'ajouter aux deux décimes et demi perçus au profit de l'Etat, lors de la déclaration de succession, un ou plusieurs décimes nouveaux que les receveurs de l'enregistrement seraient tenus d'encaisser au profit des communes. Cette taxe nouvelle n'entraînerait comme frais de perception que les faibles remises abandonnées à ces derniers. Aussi la ville de Lyon, frappée de ces avantages, l'avait-elle déjà proposée avant 1897 (1).

Mais il serait plus difficile de déterminer les objets qui peuvent être frappés. D'après la loi de 1897, la taxe doit porter « sur toutes les propriétés ou objets de même nature situés dans la commune ». Or, si les immeubles doivent être déclarés au lieu de leur situation, et ne peuvent échapper à l'impôt, il n'en est pas de même des valeurs mobi-

(1) Article paru dans la *Revue politique et Parlementaire* en juin 1895 « *La suppression des octrois et l'expérience de Lyon* », par M<sup>r</sup> Berthélemy.

lières qui doivent être déclarées au domicile du défunt. Si, comme le pensait le ministre des finances (1), la situation d'une valeur mobilière est déterminée par ce domicile, les héritiers d'un propriétaire de capitaux mobiliers n'auront qu'à trouver à la personne décédée un domicile dans une localité non soumise à l'octroi pour éviter les surtaxes du droit de mutation. La feinte serait facile ; elle aurait pour résultat de diminuer considérablement le nombre des déclarations dans les villes à taxes de remplacement ; elle aboutirait à cette injustice de faire subir aux immeubles seuls l'aggravation de l'impôt. Enfin, ce système ferait contribuer les héritiers seuls aux charges de la commune où la succession est ouverte, alors qu'ils ne bénéficient pas plus de la suppression de l'octroi que les autres contribuables.

Si, au contraire, le lieu de la déclaration n'est pas le lieu de la situation (2), si le lieu de la déclaration n'a été établi au domicile du défunt que dans un but de commodité, pour éviter la multiplicité des déclarations et, qu'en droit, toute valeur mobilière doit être réputée située au lieu du domicile du débiteur, il en résulterait des frais considérables et un contrôle extrêmement difficile. Il faudrait que tous les receveurs de l'enregistrement aient à consulter journellement un répertoire des communes où existeraient les décimes communaux du droit de succession, pour frapper

___

(1) *Chambre*, 22 décembre 1898. *Journal Officiel* du 23, p. 2582.
(2) *Revue du Droit public*, sept.-oct. 1899. *La Question des octrois*, par M. A. Wahl, professeur à la Faculté de droit de Lille.

de ces décimes les créances sur des personnes domiciliées dans ces communes, ce qui serait peu pratique. D'ailleurs, la justice ne saurait encore être satisfaite ; on ne comprendrait pas que la succession d'individus domiciliés dans les communes, qui auront établi cette taxe de remplacement, pût être exempte de décimes, alors qu'au contraire la succession d'individus domiciliés dans des communes, où n'aura pas été établie cette taxe, pût en être grevée.

La commission du budget s'est rendu compte de ces difficultés, car elle a écarté de la taxe les valeurs mobilières, en donnant comme motif que ces valeurs, étant essentiellement déplaçables et insaisissables, ne peuvent être considérées comme étant situées dans une commune quelconque.

En droit, cette théorie serait très discutable (1). Nous pensons que la commission s'est rendue compte de la difficulté qu'il y aurait à empêcher la fraude, et, a préféré ne pas faire état de droits qui ne correspondraient pas à la réalité des faits en supprimant les taxes sur les capitaux mobiliers et en imposant seulement la propriété immobilière.

---

(1) Les meubles, eux aussi, sont essentiellement déplaçables ; cela ne les empêche pas d'avoir une situation ; bien mieux, les valeurs mobilières se déplacent juridiquement avec moins de facilité que les meubles corporels, puisque la situation légale de ces derniers se confond avec leur situation effective et qu'au contraire le déplacement matériel des valeurs mobilières ne modifie pas leur situation légale. M. Wahl.

Nous ajouterons que les droits sur les successions, déjà très lourds, puisqu'ils peuvent s'élever jusqu'à 11,25 %, sans déduction du passif, sont sur le point d'être élevés, au profit de l'Etat, dans de grandes proportions, par un projet que la Chambre a voté depuis longtemps et qui est soumis au Sénat ; les augmenter encore par la création de décimes communaux nous semble très difficile. Ces droits, d'ailleurs, justifiables quand ils sont perçus par l'Etat sur l'ensemble des citoyens, ne le sont plus, quand ils perdent ce caractère de généralité et qu'ils deviennent des contributions particulières imposées à certaines catégories de contribuables sans rémunérer des services rendus. Nous avons dit qu'ils étaient contraires à la justice ; ils seraient aussi contraires au bon rendement de l'impôt, qui, par le fait même de sa spécialisation aux communes, serait soumis à d'incessantes et notables fluctuations.

2º *Taxe foncière.* — C'est une des taxes de remplacement envisagée par la plupart des communes, d'abord parce qu'elle frappe les classes aisées, ensuite, parce que, calculée d'après les mêmes bases que l'impôt foncier, elle sera perçue facilement et à peu de frais.

On fait valoir pour la justification de cette taxe que les immeubles, profitant des services municipaux, doivent participer dans une large mesure aux dépenses de la commune. Nous croyons qu'ils payent en conséquence les dépenses de police, voierie et eaux. A la vérité, ce n'est pas le propriétaire urbain qui profite seul des améliorations exécutées dans une ville, mais bien l'ensemble des habitants. Cette surtaxe alourdirait outre mesure les charges de la propriété foncière, elle diminuerait le revenu et par cela même la valeur des immeubles. Nous avons déjà eu à parler des taxes foncières, nous les avons considérées comme injustes et dangereuses.

3° *Taxe locative.* — C'est encore une taxe qui retomberait en partie sur la propriété immobilière. Il semble difficile de l'accepter avec la taxe foncière, car la taxe locative atteindrait certainement en grande partie le propriétaire ; le projet de loi relatif à la Ville de Paris les admettait pourtant toutes les deux. Cette taxe qui est équitable dans son principe, puisqu'elle atteint tous les habitants qui profitent des services de la ville et qui bénéficient de la suppression des droits d'octroi, serait injuste dans son application, si elle était imposée au nom du propriétaire, comme le demandait le Conseil municipal de Paris. Sans doute le propriétaire aurait la faculté d'en exiger le remboursement par le locataire dans les mêmes conditions que le droit proportionnel des portes et fenêtres ; mais pourquoi faire du propriétaire un collecteur d'impôts ?

L'administration déclare qu'en imposant le propriétaire, la matrice ne comprendra que 92.000 articles, alors que si l'imposition était établie au nom du locataire, cela exigerait des recensements longs et laborieux et que la matrice devrait comprendre plus de 700.000 articles. Rien n'empêcherait pourtant de remédier à cet inconvénient en im-

posant un nombre de centimes additionnels suffisants à la
contribution personnelle mobilière pour obtenir le chiffre
voulu ; au point de vue du locataire, le résultat serait le
même ; au lieu de rembourser l'impôt au propriétaire, il
le verserait directement au percepteur.

Aussi, n'est-ce point cette seule raison qui a fait adopter
cette mesure par le Conseil municipal : voulant atteindre
toutes les valeurs locatives, il a préféré rendre respon-
sables de l'impôt les propriétaires qui payeront pour les
insolvables, ce qui est pratique, mais peu juste.

L'impôt sur loyers ne saurait donc être accepté dans
ces conditions.

4° *Taxe sur les cercles*. — Insignifiante, comme toutes
les taxes somptuaires, elle doit être considérée comme
négligeable.

5° *Taxe de balayage*. — La légalité de la surtaxe est
discutable. Le projet de loi porte comme taxe nouvelle, la
majoration d'un tiers de la taxe de balayage actuelle, soit
un million ; or, la loi du 26 mars 1873, qui a transformé à
Paris en taxe obligatoire de balayage la charge qui incom-
bait à tout propriétaire riverain de la voie publique de
balayer les trottoirs et chaussées, a stipulé comme condition que le produit de la taxe ne pourrait dépasser le
chiffre de la dépense qu'occasionne à la ville le service de
balayage ; il est donc contraire à cette loi de créer une
surtaxe injustifiée.

On a prétendu, il est vrai, qu'elle correspond à des

dépenses effectives spéciales, telles que les dépenses d'arrosage de la voie publique, d'entretien du matériel, de fournitures de sable et de sel pour la liquéfaction des neiges, etc., mais c'est donner à la surtaxe une base singulièrement attaquable que de comprendre tous les frais d'entretien de la voie publique. La loi de 1873 n'a fait que maintenir la législation antérieure, qui mettait à la charge des propriétaires le balayage de la partie de la voie la plus voisine de leurs propriétés ; elle n'a pas voulu étendre cette mesure à l'ensemble des voies, places et jardins publics ; les règlements municipaux auxquels une disposition de la loi de 1873 fait allusion n'établissent en dehors de cette charge que l'obligation de rejeter la neige et la glace des trottoirs, obligation qui ne serait d'ailleurs pas supprimée lors de l'établissement de la surtaxe.

Cette disposition du projet nous apparaît, en outre, comme contraire au principe de justice distributive qui veut que tous ceux qui profitent d'un service public contribuent aux dépenses de ce service. C'est par une disposition spéciale à ce principe que la loi a maintenu les charges antérieures qui pouvaient être considérées comme des servitudes. Rien ne justifie l'aggravation proposée qui atteindrait encore la propriété.

6° *Taxe sur les alcools. — Droit sur les absinthes.* — Ces deux dernières taxes ne sauraient avoir le caractère de taxe de remplacement ; elles laissent subsister entièrement la question du maintien ou de la suppression de

l'octroi ; réduire certains droits d'octroi pour en élever
d'autres, c'est remanier un tarif dont on admet le principe,
c'est empêcher la réalisation de la suppression de l'octroi,
c'esf maintenir le *statu quo*.

C'est pourtant le seul résultat de la loi de 1897 qui devait
marquer la première étape de la disparition de l'octroi. A
Paris notamment, un arrêté préfectoral du 21 octobre 1898
a dégrevé partiellemeut les boissons hygiéniques et a élevé
les droits sur l'alcool. Les vins qui payaient 10 fr. 62 par
hectolitre ne payent plus que 7 fr. 40, tandis que les
alcools qui payaient 79 fr. 80 payent aujdurd'hui 165 francs.

Sans nier la légitimité de ces mesures, on pourrait,
d'ailleurs, en discuter l'utilité. A ce dégrèvement des droits
sur les boissons hygiéniques, il n'est pas certain que, chez
les débitants, une diminution du prix de vente corresponde.
En s'adressant à l'alcool pour faire payer la réduction des
droits sur les vins, on empêche cette réduction d'être effective : l'alcool et le vin sont vendus par les mêmes débitants ; ces derniers, au lieu de se faire rembourser
exclusivement par les consommateurs d'alcools les droits
supplémentaires exigés, répartiront ces droits entre les
divers produits dans la proportion où ils croiront pouvoir
le faire sans diminuer leurs ventes ; et comme ils trouvent
plus facile de maintenir le prix de leurs vins que d'augmenter le prix de leurs alcools, le consommateur ne profitera probablement pas de la réduction qu'on a voulu lu-
assurer. Il paraît bien, en effet, que le prix du vin au
détail n'a pas diminué à Paris. Sans doute, cette observa-

tion ne saurait s'appliquer aux vins que le consommateur fait venir directement du lieu de production, mais le but que l'on s'était proposé, qui était de venir en aide à la classe pauvre, ne semble même pas avoir été atteint.

7° *Licences des débitants.* — C'est au Gouvernement que revient l'initiative de cette taxe. Elle est contenue dans la loi de 1897, elle se justifie par le bénéfice que retireront les débitants de la réduction des droits d'ectroi, par l'augmentation de leur trafic. Cette taxe d'ailleurs ne figurait pas dans le projet de la Ville de Paris.

D'après un règlement d'administration publique du 16 juin 1898, cette taxe serait due par tout commerçant en détail sur le territoire de la commune, à l'exclusion des commerçants en gros. La taxe comprend :

1° Une taxe fixe.

2° Une taxe proportionnelle.

Un maximum est déterminé suivant la population ; il peut être doublé pour les commerçants en détail qui ne vendent pas exclusivement des boissons hygiéniques.

Le droit proportionnel est établi sur la valeur locative des locaux servant au débit.

Nous avons dit, au début de ce chapitre, que la loi de 1897, sans avantage pour les petites villes, impraticable pour les grandes villes, ne donnerait satisfaction ni au producteur, ni au consommateur.

Par le rapide examen des taxes nouvelles proposées, nous avons pu nous rendre compte que si la plupart ne répondaient pas au principe de justice en matière d'impôt, les autres n'étaient véritablement qu'un remaniement de tarif et ne constituaient pas une réforme sérieuse.

Quand nous avons étudié le système de M. Deloynes, nous avons été amenés à parler de la classification qu'il a faite des charges qui devaient être réparties entre les divers contribuables. Il est regrettable que les conseils municipaux ne se soient pas inspirés de ces principes d'équité et qu'ils aient voulu faire une réforme sociale d'un projet purement fiscal.

Le danger a été grand pour le contribuable urbain ; il est provisoirement écarté ; la loi de 1897 a été une loi néfaste (1). « Elle a été une loi de fin de mandat, faite non pour la France, mais pour l'électeur. M. Fleury-Ravarin l'avait aperçu clairement lorsque, plus conscient que nos députés parisiens de son rôle de défenseur des villes, il avait demandé que la mesure votée eût un caractère seulement facultatif. On n'eût pu faire sans doute que peu de bien à ceux qui comptaient sur le dégrèvement ; mais on n'aurait fait de mal à personne. Peut-être verrons-nous se résoudre ainsi la question pendante ; un projet est déjà présenté où M. Guillemet reprend pour son compte l'amendement Fleury-Ravarin. Cela, il est vrai, ne résoudra pas le problème de la suppression des octrois ; mais il vaut mieux garder un mal dont on souffre que le changer contre un pire. »

(1) M. H. Berthélemy, professeur à l'Université de Droit de la Faculté de Paris, *Revue de Paris*, 15 février 1899.

# CHAPITRE IV



----

## SECTION I. — Les Principes.

Devant les difficultés éprouvées pour réduire seulement certains droits perçus à l'entrée des villes, il peut sembler étonnant que l'on puisse songer à la suppression totale des octrois. Cela est pourtant rationnel : nous avons vu qu'une réduction partielle oblige les communes à recourir à des taxes très lourdes, et souvent iniques, qui, si elles étaient acceptées, pourraient bien avoir pour résultat de dégrever quelques produits, mais empêcheraient désormais d'aboutir toute nouvelle réforme.

Or, l'intérêt de la réforme n'existe que si elle peut être complète, car c'est la liberté de circulation sur tout le territoire français qui doit être recherchée dans l'intérêt de l'industrie, du commerce et de l'agriculture, comme dans celui du consommateur.

Une réforme partielle, nous l'avons déjà dit, profiterait peut-être à quelques intermédiaires, elle ne se ferait sûrement pas sentir d'une façon appréciable pour les consommateurs et pourrait grever par le choix de taxes de remplacement injustes une minorité de contribuables.

C'est toujours un mauvais système, en matière financière, que d'amorcer les réformes. Il est tout aussi difficile de s'entendre sur la nature des taxes de remplacement, sur la question de savoir quels impôts doivent se substituer aux impôts anciens, que ces taxes nouvelles doivent s'élever à cent millions ou qu'elles doivent s'élever à trois cents millions.

C'est l'institution même de l'octroi qu'il faut arriver à supprimer. La réduction des tarifs ou la suppression de quelques taxes ne ferait qu'accroître l'énormité des frais de perception, puisque les mêmes dépenses seraient occasionnées par des recettes réduites.

En second lieu, il faut que les taxes qui remplaceront l'octroi soient conformes aux principes de notre législation fiscale qui veulent que l'impôt soit proportionnel et équitablement réparti. Il importe donc de connaître, avant toute discussion d'un système de remplacement quelconque, les vérités fondamentales sur lesquelles il devra reposer.

Ces principes, M. Berthélemy les a mis en lumière, et, c'est leur méconnaissance qui a empêché d'aboutir jusqu'à présent une réforme que l'on n'a pas su envisager sous son véritable aspect. Voici ces principes :

1º *La suppression des octrois est une réforme d'ordre national.*

C'est une erreur de croire que seuls les habitants des villes profitent de la suppression de l'octroi. Sans revenir sur les reproches que nous avons déjà adressés aux octrois d'être une cause de gêne et de tracasseries continuelles et d'empêcher de nombreuses transactions, il est bien certain que la barrière d'octroi est une digue à l'écoulement des produits agricoles ; en majorant les prix, elle diminue le nombre des consommateurs et par cela même réduit les débouchés. Cela est si vrai que la loi de 1897 a eu comme but principal la vente des vins du midi.

Cette opinion, d'ailleurs, a été maintes fois émise au Conseil municipal de Paris. M. Caron, dans la séance du jeudi 21 octobre 1898, rappelle que dans un Conseil général de province on a émis un vœu enjoignant au Parlement de contraindre la ville de Paris à supprimer ses octrois dans l'intérêt des viticulteurs ; dans la séance du lendemain, M. André Lefèvre fait la déclaration suivante :

« Comment, voici des députés qui, à la fin de l'année dernière, ont voté, pour être agréables à leurs électeurs, *une loi évidemment dirigée contre Paris...* »

Enfin, M. Deville s'exprime ainsi : « Cette loi, on l'a jugée ici et au dehors, et il me paraît qu'on peut la définir exactement : une loi faite en considération des intérêts économiques des régions vinicoles... »

Ce qui est vrai pour les vins, c'est vrai pour les autres produits ; à chaque instant des députés, représentants d'arrondissements ruraux, demandent des réductions de droits d'octroi, tantôt l'un veut faciliter la vente des vinaigres, l'autre celle des fromages, etc...

Cela est si vrai que tout ce qui intéresse les villes intéresse aussi les campagnes, que pour une question d'ordre municipal, l'organisation des Halles Centrales à Paris, le législateur a cru devoir sauvegarder les intérêts des producteurs ruraux par la loi du 11 juin 1896.

Enfin, tous les habitants d'un pays profitent des villes de ce pays et comme tels ils doivent concourir à leur entretien ; les visiteurs, les étrangers, qu'attirent les grandes agglomérations urbaines de France contribuent à la prospérité, non seulement des villes où ils séjournent, mais du pays tout entier qui les approvisionne. Il est donc juste de faire participer tous les citoyens à la réforme. C'est à toute la France qu'il faut demander les millions qui rachètent les octrois. Il est donc nécessaire que l'Etat intervienne dans la solution du problème comme représentant l'universalité des citoyens. L'exemple de la Belgique ne fait que confirmer cette vérité.

*2° Il est impossible de remplacer trois cent vingt millions d'impôts indirects par trois cent vingts millions d'impôts directs.*

Presque tous les projets que nous avons examinés ont demandé à l'impôt direct les ressources nécessaires à la réforme de l'octroi. C'est par des centimes additionnels et par des taxes directes nouvelles que les réformateurs ont prétendu remplacer l'octroi; aussi n'ont-ils pas pu réaliser la réforme.

« En dernière analyse, les impôts directs sont ceux qui portent sur les gens et sur les choses ; les impôts indirects ceux qui portent sur les faits (1) ». A l'heure actuelle,

(1) M. Berthélemy. *La question des Octrois.*

toutes les choses ont été taxées. Les terres sont atteintes par l'impôt foncier ; les maisons par la contribution foncière des propriétés bâties ; le revenu général et le revenu global par la contribution mobilière et l'impôt des portes et fenêtres ; les titres et les valeurs mobilières par l'impôt sur les valeurs mobilières ; les bénéfices commerciaux par la patente.

Que reste-t-il à imposer ? Des objets de luxe, mais ils sont déjà taxés ; les voitures, chevaux, chiens, automobiles, bicyclettes, etc., payent des droits parfois fort élevés. D'ailleurs, les taxes somptuaires sont d'un minime rendement et pourraient avoir pour résultat de diminuer le nombre des imposables, qui reculeraient devant la nécessité d'une nouvelle dépense. Nous avons tant d'impôts en France, que tout nouvel impôt direct, quelle que soit la dénomination qu'on lui donne, ne serait qu'un impôt de superposition ; en admettant la possibilité d'un tel impôt, il serait profondément injuste.

On ne saurait songer à augmenter l'impôt foncier dont tout le monde dénonce la base surannée et les iniquités de la répartition. En outre, il semble difficile d'augmenter cet impôt qui vient d'être dégrevé de 25 millions (1).

On ne pourrait non plus toucher à l'impôt des patentes qui grève le revenu du travail. A l'heure où les grands magasins ont réduit le petit commerce à une vie presque végétative, personne n'accepterait l'idée d'un relèvement

(1) Loi du 21 juillet 1897 accordant des remises sur la contribution foncière variant de 10 à 25 fr. en principal.

des tarifs. N'a-t-on pas eu d'ailleurs, par une loi récente (1), l'intention de le favoriser en faisant supporter à ses concurrents qui l'écrasent des charges nouvelles qui doublent la part d'impôt auquel ils étaient auparavant soumis.

Il resterait donc la contribution mobilière, l'impôt foncier sur la propriété bâtie, la contribution des portes et fenêtres et l'impôt sur le revenu des valeurs mobilières. Or, ces impôts sont déjà très lourds, et la suppression de l'octroi demandant plus de trois cent vingt millions de ressources nouvelles, il serait nécessaire de les augmenter de plus du double, ce qui serait injuste. Il serait injuste, en effet, de faire supporter tout le poids d'une réforme de cette importance à une fraction de contribuables, alors que tous sans distinction devraient en retirer les avantages.'

D'ailleurs, les conséquences économiques d'une telle mesures seront désastreuses. La propriété immobiliere, déjà lourdement frappée, ne saurait supporter des charges nouvelles, et c'est elle qui les subirait presque entièrement. Comme l'a dit M. Fleury-Ravarin dans sa proposition de loi : « Pour beaucoup de gens, la propriété est une industrie pouvant faire faillite comme les autres. Or la faillite de la propriété, c'est la chute du crédit, la ruine des entrepreneurs, la misère pour les innombrables ouvriers du bâtiment ».

Ce n'est donc pas à l'impôt direct qu'il faut demander

---

(1) Loi du 28 avril 1893 s'appliquant aux magasins de plusieurs espèces de marchandises, etc. Avant la loi de 1893, le Bon Marché payait 425.000 fr. ; après 940.000.

les ressources nécessaires pur la suppression des octrois.

« Qu'on n'hésite pas à le reconnaître, le seul impôt indirect, celui que nous payons en sucrant notre café, en le buvant, en allumant notre cigare, en le fumant, en absorbant notre verre de liqueur, en faisant notre partie de cartes, celui que nous payons quand nous achetons un domaine, ou quand nous héritons d'une fortune ; le plus élastique de tous, parce que son produit monte, quand la richesse progresse ; le plus juste de tous parce qu'il ne charge pas les consommations nécessaires, — le tabac, l'alcool, les cartes, la poudre, le café ne sont pas des consommations nécessaires, — le plus léger de tous, parce qu'il se perçoit centime à centime et que ces centimes se mêlent au prix de la marchandise ; celui qui remplit le plus sûrement cet idéal de parfait impôt, qui est de produire le maximum de rendement en occasionnant le minimum de mécontentement, l'impôt indirect est seul capable de restituer sous une autre forme ce que nous lui demandons aujourd'hui sous la forme de l'octroi (1) ».

*3° Il n'y a pour une commune d'autres impôts indirects possibles que les octrois.*

« La cause en est dans ce que nous appelons l'instabilité des impôts indirects. Perçu à raison des faits, l'impôt indirect ne donne, pour un même temps des sommes à peu près équivalentes, que s'il porte sur des faits capables de se produire un nombre considérable de fois » (2).

_________

(1. 2) M. H. Berthélemy, *La question des Octrois.*

Il importe donc qu'il s'applique à une grande masse de population ou tout au moins à un nombre de faits considérables ; c'est la simple application de la loi des grands nombres. L'impôt sur les successions, par exemple, appliqué aux trente-huit millions de Français, a chaque année un rendement à peu près égal à celui de l'année précédente ; les statistiques nous montrent, en effet, que les chiffres de la mortalité sont chaque année sensiblement pareils et que les fortunes ainsi transmises peuvent donner lieu à de justes évaluations budgétaires. Mais ce qui est vrai pour l'ensemble de la France cesserait de l'être pour une commune déterminée. Il ne suffirait pas de faire une simple opération arithmétique pour déterminer, par exemple, quel serait l'impôt successoral dans une petite commune de six cents habitants. S'il meurt, une année, plusieurs personnes riches, les prévisions budgétaires se trouveront de beaucoup dépassées ; dans le cas contraire, elles ne seront pas atteintes et le budget de la commune se trouvera en déficit.

Dans l'intérieur d'une commune, quand les faits se représentent un nombre presque infini de fois, cette instabilité disparaît pour la même raison. Il en est ainsi pour les faits de consommation courante qui se présentent avec une telle fréquence qu'ils peuvent être très utilement taxés, c'est-à-dire produire chaque année une somme déterminée.

C'est ce qui se passe pour les droits d'octroi et c'est ce qui nous amène à dire : *puisqu'on ne peut créer de nouveaux impôts directs sans surcharger trop lourdement ceux qui existent actuellement, puisque les comuunes ne peuvent remplacer leurs octrois par d'autres impôts indirects et puisque la réforme présente un intérêt général, il convient d'abandonner aux communes ceux des impôts directs actuellement perçus par l'État, qui conviennent le mieux à leurs finances, et compenser ce sacrifice fait par l'État par la création d'impôts indirects généraux.*

Abandonner aux communes des impôts directs perçus par l'Etat, c'est le moyen qu'avaient déjà envisagé de nombreux économistes. — M. Deloynes, M. Glais-Bizoin, M. Frédéric Passy, M. Boiteau, etc., s'étaient rendus compte de tout l'avantage qu'on pouvait retirer de cette innovation.

C'est, qu'en effet, les impôts directs établis au profit de l'Etat présentent de nombreux inconvénients. Ils aboutissent à de multiples inégalités, non seulement de ville à ville, mais encore de personne à personne. Pourquoi deux commerçants qui font le même bénéfice payeront-ils des taxes variables suivant qu'ils habitent différentes localités ? Pourquoi des propriétaires d'immeubles d'un égal revenu sont-ils différemment taxés suivant la situation de ces immeubles ? Autant de questions sans réponses. On ne peut justifier, en effet, cette différence de traitement. Ce n'est pas parce qu'ils font commerce à Paris ou dans une autre ville, parce qu'ils sont propriétaires à Paris ou ailleurs qu'ils jouissent différemment des services de l'Etat. Ce qu'ils donnent chacun sert également à payer la justice, l'armée, les fonctionnaires. Au contraire, la différence de taxation entre contribuables de facultés égales est la conséquence logique d'un impôt municipal destiné à faire face aux dépenses locales. L'impôt devient alors une véritable rémunération des services rendus et peut se prêter à de justes variations suivant les villes. Les changements de destination de ces impôts transforment en qualités leurs défauts. Ils sont une garantie contre le gaspillage financier des communes par la facilité qu'ont les contribuables de suivre ces taxes et d'en constater l'emploi ; ils sont une sauvegarde contre l'entraînement même des habitants, moins portés à réclamer de nouvelles dépenses lorsque ces dépenses les touchent directement ; enfin les éléments d'imposition étant comparables entre eux, les inégalités de personne à personne n'existeront plus et la grosse question de la péréquation de l'impôt cessera d'être un problème.

L'Angleterre a compris l'avantage de ce système. Le Trésor public s'alimente par l'impôt indirect, qui porte principalement sur les alcools, les douanes, le timbre. Les bourgs ou paroisses, au contraire, font face à leurs dépenses par des taxes directes, sauf quelques exceptions comme Londres, où l'on a établi des droits sur le charbon, les fruits, le blé et le vin.

Toutes ces taxes spéciales sont portées sur la feuille des contributions de chaque contribuable : en recevant sa cote, sur laquelle figurent autant d'articles qu'il y a de taxes différentes, ce dernier peut se rendre un compte exact des frais que lui coûte chacun des services municipaux et contrôler d'une façon précise la gestion des intérêts de sa paroisse.

Nous trouvons dans cet exemple la confirmation de cette vérité que le meilleur régime fiscal est celui où l'on sait allier judicieusement ces deux catégories d'impôts : aux besoins des villes les impôts directs, aux besoins de l'Etat les impôts indirects.

La nécessité d'abandonner aux communes une partie des impôts directs perçus par l'Etat avait déjà été reconnue par un grand nombre d'économistes, dont nous avons examiné les systèmes. La nécessité de créer de nouveaux impôts indirects au profit de l'Etat pour atteindre l'équilibre budgétaire a été envisagée dans deux propositions de lois, l'une de M. Guillemet, du 20 décembre 1890, l'autre de M. Fleury-Ravarin, du 6 février 1899.

### SECTION II. — Les Projets de Lois.

#### 1° *Projet de M. Guillemet.*

Dans la séance du 20 décembre 1890, M. Guillemet, député, présentait une proposition de loi tendant à la suppression radicale des octrois :

« Comme taxe de remplacement, dit-il, il m'a semblé que le système Glais-Bizoin, qui abandonne trois contributions aux communes, est le meilleur, le plus simple, le plus logique. Les contributions personnelle - mobilière, des

portes et fenêtres et des patentes sont bien essentiellement
communales, d'une perception facile et sur lesquelles les
conseils municipaux peuvent exercer un contrôle efficace.
Ce système ne favorise pas certaines communes au détriment des autres ; il a l'avantage de créer pour les petites
communes des ressources qui actuellement leur font complètement défaut et pourraient servir très utilement à l'organisation de l'assistance publique. En forçant les communes, qui bénéficieraient de la nouvelle loi. à faire
emploi des sommes ainsi mises à leur disposition pour
secourir leurs indigents, nous trouverions le moyen cherché depuis longtemps d'organiser partout des bureaux de
bienfaisance, des sociétés de secours mutuels et même des
hôpitaux cantonnaux au moyen des syndicats de communes. Les villes actuellement chargées de taxes d'octroi
ont déjà des bureaux de bienfaisance et presque toutes des
hôpitaux. Nous aurions ainsi résolu le problème de l'assistance publique sur tous les points du territoire. »

Examinant les conséquences de ce remplacement pour
les villes, M. Guillemet nous montre que ce système serait
plus avantageux pour un grand nombre de communes, et il
nous donne un tableau où le produit de l'octroi est mis en
regard du produit de ces trois contributions dans un certain nombre de communes.

Les villes auraient, d'autre part, la faculté de créer des
taxes directes pour compenser leurs pertes, taxes d'ailleurs
soumises à certaines conditions.

La Ville de Paris, en particulier, pourrait recourir à de

nouvelles taxes, elles n'auraient qu'à s'inspirer des principes qui ont permis, en Belgique, la création de taxes locales.

Enfin les 240 millions enlevés à l'Etat seraient remplacés par une hausse des droits sur l'alcool, et par l'augmentation résultant de la suppression du privilège des bouilleurs de cru.

On peut, d'après M. Guillemet, augmenter de 0 fr. 9375 le litre d'alcool et porter ainsi le droit à 2 fr. 50, ce qui n'a rien d'exorbitant.

La consommation étant en France de 1.500.000 hect., le nouveau droit donnerait : $1.500.000 \times 0,9375 =$ 140.625.000. Il faudrait ajouter l'alcool qui ne paye à l'heure actuelle aucun droit résultant du privilège des bouilleurs de crû soit :

500.000 à 2,50 = 125.000.000

qui, ajouté à. . . .   140.645 000

donne un total de  265.625.000 que l'Etat percevrait à la place de 246 millions.

Voici le texte de la proposition de M. Guillemet :

ARTICLE PREMIER. — Les impositions communales indirectes connues sous le nom d'octroi sont abolies.

Sont comprises parmi les revenus de l'octroi les impositions indirectes suivantes :

1º Les droits d'entrée ;

2º Les droits d'expédition ;

3º Les droits de transit, sous le nom de passe-debout ;

4º Les centimes additionnels aux droits d'octroi ;

5° Les droits d'entrepôt sur les objets soumis à l'octroi ;

6° Les droits d'octroi sur la fabrication ou l'extraction de certains produits dans l'intérieur de la commune ;

7° La partie des frais d'escorte, des amendes et confiscations, attribuée à la caisse communale.

ART. 2. — Seront autorisées, quel qu'en soit le mode de perception, toutes autres taxes communales indirectes, telles que :

Droits d'étalage, de place ou de station aux foires, halles et marchés ;

Droit de jaugeage, de pesage, de balance, de mesurage et d'aunage ;

Droits de quai, de bassin, de port, de carénage et de grue ;

Droits d'abattoir, de boucherie, de poissonnerie ;

Droits de vidange, boues et immondices ;

Droits de port, de pont, d'écluse, de barrière, de chausséage et de passage ;

Droits de magasin autres que droits d'entrepôt d'objets soumis à l'octroi, etc., etc.

ART. 3. — Les contributions personnelle-mobilière, des portes et fenêtres et des patentes sont abandonnées aux communes.

ART. 4. — Le droit perçu actuellement sur les alcools au profit de l'Etat est porté de 156 fr. 25 à 250 fr. par hectolitre.

ART. 5. — Le privilège des bouilleurs de cru est supprimé en ce qui concerne la surveillance, et la franchise d'impôts ne leur sera accordée que sur une quantité d'alcool de 10 litres au plus.

Un règlement d'administration publique déterminera leur mode d'exercice.

ART. 6. — Les communes auxquelles les trois contributions ne donneraient pas des revenus égaux aux recettes moyennes des trois dernières années de leur octroi (frais de perception et remboursement à la sortie déduits) sont autorisées à créer des taxes directes, après avis du Conseil général et décret rendu en conseil d'Etat.

Ces taxes ne devront être prélevées que sur des propriétés ou objets situés dans la commune, ou des revenus en provenant.

Elles devront s'appliquer à toutes les propriétés, objets ou revenus de même nature.

Elles devront être assises sur des propriétés ou objets tangibles ou des signes apparents de richesse.

Elles devront être proportionnelles. Elles seront assises et perçues et les réclamations jugées comme en matière de contributions directes.

ART. 7. — Les communes dont les octrois seront supprimés devront pendant trois années payer des traitements d'attente aux agents du service de l'octroi qui resteraient sans emploi.

ART. 8. — Les communes qui n'ont pas actuellement d'octroi devront affecter le montant de leurs trois contributions à la création de bureaux de bienfaisance, hôpitaux, ou à des œuvres philantropiques, telles que sociétés de secours mutuels, caisses de retraites, etc. Elles pourront être autorisées par le préfet du département à faire usage d'une partie de ces ressources pour des travaux communaux, lorsque le service de l'assistance publique sera complétement assuré.

Les communes dont le montant des trois contributions dépassera le produit moyen de leur octroi pendant les trois années qui précéderont la promulgation de cette loi devront également affecter l'excédent au service de l'assistance publique.

Art. 9. — Le Gouvernement est autorisé à prendre des mesures ultérieures pour assurer la perception des droits établis par la présente loi.

Ainsi, d'après cette proposition de loi, tout le déficit causé par l'abandon de l'Etat aux communes de trois de ses contributions directes serait comblé par de nouveaux droits sur l'alcool.

Nous ne croyons pas qu'ils soient exagérés ; il est reconnu par la plupart des économistes que si presque tous les impôts existant à l'heure actuelle en France ont atteint un maximum de rendement qu'il serait difficile de dépasser sans porter atteinte à la prospérité du pays, il n'en est pas de même de la taxation de l'alcool qui se présente comme très modérée relativement à celles des autres nations européennes, et dont la surélévation se justifierait encore par la nature même de l'objet imposé. L'exemple des pays étrangers, la facilité avec laquelle les taxes ont été augmentées successivement nous indiquent que la réforme est réalisable.

Alors que l'hectolitre d'alcool paye 200 fr. d'impôt en Belgique, 274 fr. en Hollande et 500 fr. en Angleterre, il n'est taxé en France qu'à raison de 156 fr. 25. Il est vrai que le système employé pour la perception diffère quant à l'application de celui que la France a adopté. Il est vrai que le prix de 156 fr. 25 n'est pas supporté par tous les hectolitres d'alcools français, sur tous les points du territoire ; suivant que la consommation a lieu à tel ou tel endroit, l'impôt est plus ou moins lourd ; léger quand on ne supporte que le droit de consommation de 156,25, il est notablement augmenté lorsque vient s'ajouter le droit d'entrée et les taxes d'octroi. Au contraire, dans certains départements, le privilège des bouilleurs de cru exempte toute une catégorie de citoyens et donne à la fraude un vaste champ où elle s'exerce presque impunément.

Ces différences de taxations constituent le vice du système français ; elles sont injustifiées en principe et empêchent la réalisation d'une augmentation de tarifs qui donnerait à la France des centaines de millions.

Que ne suit-on l'exemple de l'Angleterre — qui trouve dans l'impôt sur l'alcool des sommes s'élevant à plus de 512 millions de francs et qui a pu établir les frais de recouvrement sur l'alcool indigène à moins de 2 % du produit encaissé (1) ?

_________

(1) L'alcool est soumis à une taxe uniforme au Royaume-Uni de 477 fr. 19 cent. par hect, (10 shellings par gallonpreuve). En 1873,

Comme en France, l'impôt est établi sur le produit achevé. Mais alors qu'en Angleterre il est assis à la fabrication sur le total destiné à la consommation, il n'est établi en France qu'à la consommation.

Il en résulte deux opérations en France : l'une de pure surveillance à la distillerie, l'autre de perception dans les lieux de consommation, ce qui est une grande complication. Le système anglais, au contraire, supprime les frais considérables de la constatation de l'impôt quand le produit est répandu et par cela même il évite la fraude.

Ainsi sans avoir recours à une nouvelle méthode, simplement en augmentant et en unifiant les tarifs, on trouverait une immense source de bénéfices faciles à percevoir.

Cette mesure de simplification s'impose encore comme conséquence de la suppression des octrois. L'Etat ne saurait continuer à percevoir sans barrière des droits à l'entrée des villes, qui seraient trop difficilement recouvrables et nécessiteraient des frais d'autant plus élevés que le rendement de l'impôt serait plus faible.

Il faudrait donc, et c'est un point de la question que M. Guillemet a laissé dans l'ombre, que l'Etat cesse de

les droits sur l'alcool perçus par l'accise (fabrication 380.347.657 fr., licences 19.179.838) ont atteint le chiffre de 399.524.495 fr. Si l'on ajoute à ces droits le produit des taxes des alcools à leur importation qui s'élève à 113.384.318 fr., on a le total 512.908.813.

Frais 1,89 % du montant des recouvrements sur l'alcool indigène. Rapport par M. Jocquème, inspecteur des finances.

percevoir des impôts généraux à l'entrée des villes. Nous croyons que l'impôt sur l'alcool suffirait à assurer non seulement la suppression des octrois, mais encore des droits d'entrée, si la réforme comportait en même temps la suppression du privilège des bouilleurs de cru.

Il a été constaté, en effet, que le haussement des tarifs n'influencera guère la consommation de l'alcool. Si les statistiques nous montrent que les quantités d'alcool frappées par les tarifs successifs ont varié sous leur influence, il est, en réalité, très difficile de dégager la part imputable réellement aux tarifs.

« La fraude des bouilleurs de cru, la substitution des distilleries de grain et de mélasses aux fabrications d'alcool de vin, l'extension considérable prise par la culture de la betterave, le développement des voies ferrées et la transformation des procédés commerciaux des viticulteurs du Midi, l'abaissement graduel des prix, enfin les variations annuelles de la récolte des vins, dont la disette ou l'abondance étend ou restreint la consommation des spiritueux, constituent des causes multiples agissant en sens opposé qui contrarient ou exagèrent l'influence normale des tarifs. » (1)

Aussi M. Stourm, dans son livre « L'Impôt sur l'alcool », a envisagé les statistiques dans leurs grandes lignes, dans deux tableaux comprenant, l'un la période de 1830 à 1869,

_________

(1) M. Stourm. *L'Impôt sur l'alcool.*

l'autre la période de 1855 à 1869, et, il en a tiré les induc-
tions rationnelles suivantes :

En 1830, le Trésor ne retirait que 30 millions d'un
impôt qui rapporte aujourd'hui plus de 250 millions. Le
tarif était à cette époque de 55 fr., soit un peu plus du tiers
du tarif actuel ; la consommation n'a donc pas été arrêtée,
mais a progressé au contraire d'une façon effrayante,
puisque la taxe n'étant que triplée rapporte douze fois
plus.

Sans doute, si on envisage les périodes qui ont suivi immédiatement chaque réforme, on trouvera souvent soit un
ralentissement, soit un arrêt, soit même une légère diminution de consommation ; mais ce résultat doit être attribué à des circonstances particulières plutôt qu'à l'influence
du tarif. C'est ainsi qu'après la loi du 12 décembre 1830
qui abaissa les droits à la somme de 37,50, il n'y a aucun
développement apparent de la consommation ; au contraire,
les quantités atteintes par l'impôt diminuèrent la première
année de l'application du nouveau tarif ; la Révolution de
juillet avait laissé la régie désorganisée et les perceptions
demeurèrent longtemps en souffrance dans un grand
nombre de départements. Il faut donc pour être exact examiner une assez longue période, alors que les faits étrangers
au tarif, ont cessé de faire sentir leur influence. Il est bien
certain, en effet, que les fraudeurs ne peuvent être combattus efficacement dès le premier jour de l'application d'un
nouveau tarif, leur ingéniosité étant d'autant plus grande
que le bénéfice à réaliser leur apparaît plus considérable.

Voici d'ailleurs un exemple qui contredit singulièrement l'assertion souvent répétée que la surélévation de l'impôt sur l'alcool entrave la production. En 1845, le tarif de 37,40 est porté à 60 fr., et pourtant les quantités imposées restent toujours en progression sur celles des années précédentes ; rien ne peut faire supposer l'existence d'une surcharge de 45 %.

A ce moment un fait nouveau s'était produit dans la vie des industries. L'alcool de vin manque tout à coup par suite des ravages de l'oïdium, et à la place de sa fabrication prend naissance celle des alcools de substances farineuses, mélasses et betteraves, jusqu'alors inconnues en France, et cette transformation s'accomplit au milieu même de l'impôt et de toutes les formalités fiscales.

Si nous continuons la suite des observations sur l'influence des tarifs, nous voyons qu'en 1860, lorsque la taxe fut portée de 60 à 90 fr., il y eut un léger temps d'arrêt dans la progression, qui peu après reprend sa marche normale. Après 1870, le rehaussement de 66 % fit diminuer la consommation, mais beaucoup de causes subsidiaires expliquent cet affaissement, d'ailleurs dès 1873 les quantités reprirent leur ancien niveau et le dépassent en 1874.

A partir de cette époque jusqu'à l'époque actuelle, les quantités d'alcool consommées ont progressé d'une façon extraordinaire ; de 1874 à 1885, c'est une augmentation de 59 1/2 %, en 11 ans, venant s'ajouter aux augmentations antérieures.

Il n'est donc pas exagéré de demander à l'alcool non

seulement la surtaxe que réclamait M. Guillemet dans son projet de loi, mais encore celles nécessaires à indemniser l'Etat des droits d'entrée, à la condition de rendre la fraude impossible par la suppression du privilège des bouilleurs de cru et l'unification du tarif.

Quel que soit, d'ailleurs, le chiffre de l'impôt sur l'alcool, il ne saurait en tous cas être trop élevé en regard des ravages causés par ce produit malfaisant. « Le moraliste déplore les progrès d'un mal dont les statistiques de la justice criminelle lui dévoilent la gravité, et le médecin ne fait que constater son impuissance à endiguer cette maladie nouvelle qui dégénère la France et dégrade les mœurs. »

Nous avons déjà parlé des avantages des impôts indirects en général ; nous dirons de l'impôt sur l'alcool que c'est le plus légitime et le plus salutaire « car si la consom-« mation reste la même, c'est le fisc qui en bénéficie, si « elle diminue, c'est l'hygiène qui en profite (1) ». Cet impôt n'est pas, comme on peut le dire de tel ou tel autre, le moins mauvais ou le moins injuste, il possède toutes les meilleures qualités et le principe qui devrait guider le législateur, dans la taxation de l'alcool, serait de demander à ce produit les droits les plus élevés qu'on puisse percevoir sans craindre des distillations illicites.

Les exemples des pays voisins indiquent clairement qu'il suffit de persévérer dans cette voie, en se gardant d'innovations dangereuses et de réformes improductives.

(1) L'alcool par M. Rochard. *Revue des Deux-Mondes*, 15 avril 1886.

Citons la conclusion de M. Stourm : « La France, si les nécessités de son budget l'exigent, peut efficacement marcher dans cette voie, car ses tarifs et la part d'imposition qu'elle puise dans l'alcool demeurent encore inférieurs aux tarifs et à la proportion du rendement budgétaire de l'alcool en Angleterre et aux États-Unis. Elle a donc devant elle une marge considérable de bénéfices à recueillir, lorsque le besoin en apparaîtra, mais à la condition d'accompagner le relèvement de ses tarifs d'un renfort de précautions fiscales capables de garantir en toute sécurité l'extension de ses perceptions. »

Nous allons maintenant examiner les raisons qui empêchent la réalisation du projet de M. Guillemet ;

1º *Le privilège des bouilleurs de cru et la fraude.*

La loi entend par bouilleurs de cru les propriétaires qui distillent exclusivement les vins, cidres, marcs, lies, cerises et prunes provenant de leur récolte. Ils jouissent de la liberté la plus absolue, tandis que les bouilleurs de profession sont soumis à une étroite surveillance.

En 1872, la loi du 2 août prescrivait l'exercice des bouilleurs de cru ; mais l'Assemblée nationale, le 14 décembre 1875, leur rendit la liberté, malgré l'expérience des trois années précédentes.

Si, depuis lors, le Trésor a vu les quantités imposées augmenter, c'est à la marche ascendante de la consommation et à la surveillance attentive de la régie qu'il faut l'attribuer. La fraude n'en est pas moins considérable, et c'est non seulement le budget qui en souffre, mais aussi les distillateurs de profession qui se plaignent avec raison d'une concurrence déloyale rendue possible par la législation en vigueur.

« Nous protestons avec l'énergie du désespoir contre les priviléges iniques et antidémocratiques dont la législation fait bénéficier les bouilleurs de cru et les propriétaires récoltants. Ces priviléges sont ruineux pour le commerce régulier... On est effrayé du préjudice qu'ils causent au Trésor... Dans beaucoup de communes, le Trésor touche plus de droits quand il n'y a pas de récolte que lorsqu'elle y est abondante ; c'est la triste moralité du régime fiscal de 1816 et de ses abus. « (1)

En 1884, en effet, les onze départements à cidre présentaient un déficit de trois millions et demi sur les alcools. La récolte des pommes avait été abondante et cette diminution en recettes sur les alcools, alors que sur tout le reste de la France une augmentation sensible était accusée, ne pouvait provenir que des fraudes des bouilleurs de cru.

D'ailleurs, le tableau suivant, comparant les quantités d'alcool soumises à l'impôt avant et après le rétablissement du privilège des bouilleurs de cru, est instructif. Il montre que si le chiffre global de l'impôt n'est pas sensiblement inférieur, c'est grâce à l'alcool d'industrie fabriqué dans les départements où la fraude ne pouvait que très difficilement avoir lieu.

(1) Pétition du syndicat central du commerce en gros des liquides de la Seine-Inférieure, 6 février 1886.

| | Nombre de bouilleurs de cru | Quantités soumises au droit général de consommation | | Augmentation | Diminution |
|---|---|---|---|---|---|
| | | 1876 | 1875 | | |
| 31 départements où l'on compte le plus grand nombre de bouilleurs de cru . . . . . | 239.626 | Hectol. 261.997 | Hectol. 287.417 | » | 25.420 |
| 13 dép. où l'on fabrique presque exclusiv. des alcools d'industrie . . . . | 4.730 | 457.299 | 446.244 | 11.055 | |
| 42 départements pouvant être alimentés par des bouilleurs de cru. . | 33.776 | 176.997 | 180.374 | » | 3.337 |
| Paris . . . . | | 108.067 | 105.218 | 3.049 | |
| | 278.132 | 1004.360 | 1019.053 | En moins | 14.693 |

Quelle est la perte résultant pour le Trésor du privilège
des bouilleurs de cru? Il est difficile de répondre exactement ; les évaluations sont très différentes. En 1885, d'après
les évaluations de l'administration des contributions indirectes, les quantités d'alcool fabriquées par les bouilleurs
de cru se sont élevées à 69.000 hectolitres seulement contre
1.795.000 hectolitres fabriqués par les distilleries. « En
réalité, nous dit la même administration, la production est
beaucoup plus considérable ; car, sous le couvert de l'immu-
nité qui leur est concédée par la loi, un grand nombre de

bouilleurs de cru fabriquent de l'alcool avec des matières d'achat, telles que vins étrangers, raisins secs, figues, caroubes, etc., et sont ainsi de véritables bouilleurs de profession. Il est de notoriété que les quantités ainsi obtenues dépassent dans une forte proportion la production tirée de la récolte.

D'ailleurs, dans les bonnes années, les statistiques inscrivent des chiffres bien plus élevés allant de 300.000 hectolitres jusqu'à 452.000 en 1872.

Depuis la reconstitution du vignoble détruit par le phylloxéra, c'est un chiffre bien supérieur à 70.000 hectolitres qu'il faudrait produire ; aussi croyons-nous que M. Guillemet a fait une estimation modérée en comptant 150.000 hectolitres de plus qui seraient soumis à la taxation par la suppression du privilège.

Malheureusement, il est plus que douteux que le Parlement accepte jamais de supprimer le privilège des bouilleurs de cru, et c'est une des raisons qui empêche le projet de M. Guillemet d'aboutir.

Dans les pays viticoles, en effet, des intérêts particularistes très nombreux sont en jeu ; les propriétaires récoltants, récemment éprouvés par les fléaux divers qui atteignent la vigne, trouvent dans la jouissance de leur privilège une légère compensation aux charges qu'ils ont à supporter ; il serait très difficile d'y porter atteinte sans soulever les plaintes les plus nombreuses.

Peut-être pourrait-on les désintéresser ? En échange de leur privilège, l'Etat pourrait accorder aux bouilleurs de cru une diminution d'impôt portant sur les contributions qu'il abandonne indistinctement à toutes les communes. L'Etat achèterait ainsi par l'intermédiaire des communes un privilége qu'une longue possession a transformé en un véritable droit au profit du propriétaire récoltant. Les finances du Trésor n'en souffriraient pas, puisque les sommes destinées à indemniser les bouilleurs de cru seraient prélevées sur le montant des contributions directes abandonnées par l'Etat aux communes. La loi déterminerait d'ailleurs le montant de l'indemnité annuelle qui pourrait être de moins en moins élevée, de façon à permettre la réalisation par paliers successifs du taux actuellement perçu.

L'exercice ainsi établi mettrait fin aux combinaisons frauduleuses d'un grand nombre de contribuables, qui ne se contentent pas de brûler pour leur consommation personnelle. L'obligation de se soumettre à la surveillance de la régie aurait comme conséquence de diminuer le nombre des bouilleurs de cru, qui, n'espérant pouvoir frauder, préféreront porter le produit de leur récolte aux bouilleurs de profession. Il en résulterait naturellement un contrôle plus facile et d'autant moins coûteux. On arriverait peut-être à restreindre la fabrication de l'alcool à quelques grandes usines soumises à un exercice permanent.

### 2° *La réforme de l'impôt des boissons.*

Depuis longtemps la réforme de l'impôt des boissons est à l'ordre du jour. Toutes les législatures s'en sont occupées. De même que la suppression de l'octroi, le dégrè-

vement des boissons hygiéniques se traduirait par une
augmentation de bien-être pour les classes peu aisées, en
même temps qu'elle assurerait aux producteurs un écoulement plus facile des récoltes.

C'est à ce double point de vue que s'est placé M. Caillaux, ministre des finances, dans son projet de loi concernant le régime des boissons (1).

Considérant comme impossible la suppression complète
des taxes sur les boissons hygiéniques, M. Caillaux propose de
fondre tous les droits divers qui existent sur les vins, cidres,
poirés et hydromels, droit de circulation de détail, d'entrée,
ou taxe unique, en un seul droit, le droit de circulation.

Tandis qu'à présent les droits divers perçus par l'Etat
s'élèvent jusqu'à 8 fr. 25 par hectolitre à Paris et 7 fr. 13
à Lyon, il n'y aurait plus qu'un droit unique de circulation.
Ce droit unique de circulation serait fixé uniformément
à 1 fr. 50 par hectolitre pour les vins ; le projet supprime
le régime des zones qui avait sa raison d'être à l'époque
où les vins d'un certain prix étaient seuls transportés
à de grandes distances des vignobles ; mais qui ne
répond plus aux conditions économiques actuelles résultant
de la facilité des communications et de l'abaissement du
prix des transports. Sans doute ce sera une augmentation
pour certains départements où le droit de circulation est
actuellement de 1 fr., tandis qu'il s'élève dans d'autres à
1 fr. 50 et dans quelques-uns à 2 fr. Mais cette égalité de

(1) Chambre. Annexe au procès-verbal de la séance du 14 novembre 1899.

taxation est très juste ; il n'y a aucune raison, en effet, pour que la taxe diffère suivant les départements et que le même produit ne soit pas également frappé partout.

Quant au cidre, le droit de circulation resterait fixé comme aujourd'hui à 0 fr. 80 par hectolitre, et le taux du droit de fabrication sur la bière serait réduit de 0 fr. 50 à 0 fr. 25 par degré hectolitre.

Par la loi de 1897, les communes ont été obligées d'abaisser les droits d'octroi sur les boissons hygiéniques dans de fortes proportions ; l'Etat, au contraire, n'a jusqu'ici rien abandonné de sa taxation, qui est, dans certains cas, presque aussi excessive que celle de l'octroi ; il était juste de ne pas laisser se prolonger cette contradiction, alors qu'il appartenait à l'Etat de donner l'exemple et d'entrer le premier dans cette voie.

Par la suppression des droits d'entrée, cette loi complétera la réforme de l'octroi en faisant tomber toutes les barrières ; se joignant à la suppression des droits d'octroi, elle pourra, tout en diminuant sérieusement les charges des gens de condition modeste, accroître dans de grandes proportions la consommation du vin.

Mais le sacrifice fait par l'Etat sera considérable. Les droits actuels sur les vins produisent 155 millions et demi de francs ; ceux sur le cidre 11 millions et demi, soit 167 millions et demi, auxquels il faut ajouter 13.710.000 fr. de perte provenant de la réduction du droit de fabrication sur les bières, et 1.300.000 fr. pour diminutions accessoires diverses. En déduisant les droits nouveaux de circulation sur les vins, qui rapporteront 52 millions et ceux sur les cidres, estimés à environ 4 millions, nous trouvons un dégrèvement total d'environ 126 millions sur un produit de 197 millions.

Il faut donc compenser cet abandon de ressources et c'est dans un relèvement des droits de consommation sur l'alcool que M. Caillaux a cherché la contre-partie principale.

Renonçant à une taxe de fabrication et à la suppression du privilège des bouilleurs de cru qu'il se contente de réglementer, il demande de porter les droits sur l'alcool à 220 fr. par hectolitre, tout en conservant les droits d'entrée dans les villes sur ce produit.

Cette augmentation de 63 fr. 75 du tarif actuel doit, d'après les calculs, donner une augmentation de produit de 95 millions environ.

Les quantités d'alcool imposées en 1898 ayant été de 1.800.000 hectolitres (abstraction faite des vermouths, vins de liqueurs et vins de raisins secs), cette augmentation de la taxe devrait donner régulièrement une augmentation de produits de 114.750.000 fr. Mais l'auteur du projet de loi estime que l'année 1898 a été exceptionnelle ; il veut tenir compte aussi de l'influence que l'aggravation du droit peut avoir sur la consommation, et admet en principe une perte de 19.750.000 fr.; soit un ralentissement de consommation d'environ 5 %.

En outre de ces 95 millions, l'alcool contenu dans les vermouths et vins de liqueur fournirait un peu plus de

4 millions. Ce qui fait un total de 99 millions demandé au droit de consommation sur l'alcool.

Le reste des ressources nécessaires pour assurer la réforme doit résulter d'abord de l'augmentation du tarif des licences et de leur extension à la ville de Paris qui en est exempte et qui produirait 22 millions de francs, puis d'un droit sur les sucres employés à la vendange élevé de 24 à 40 francs, qui rapporterait 800.000 fr. ; enfin la réglementation du privilège des bouilleurs de cru devrait assurer une plus-value de 3.000.000 de francs.

Voici le texte du projet de loi :

*Projet de loi concernant le régime des boissons* (1).

ARTICLE PREMIER. — Les droits de détail, d'entrée et de taxe unique, actuellement perçus sur les vins, cidres, poirés et hydromels, sont supprimés.

Le droit de fabrication sur les bières est abaissé à 0 fr. 25 par degré hectolitre.

Les vins, cidres, poirés et hydromels restent, quelle que soit la qualité, soumis au droit général de circulation, dont le taux, décimes compris, est fixé uniformément à 1 fr. 50 par hectolitre pour les vins et à 0 fr. 80 par hectolitre pour les cidres, poirés et hydromels. Ce droit s'étend aux quantités expédiées aux débitants.

Les vendanges fraîches circulant hors de l'arrondissement de récolte et des cantons limitrophes en quantités

(1) Annexe au procès-verbal de la séance du 14 novembre 1899.

supérieures à 10 hectolitres, sont soumises aux mêmes formalités de circulation que les vins et passibles du même droit à raison de 2 hectolitres de vin pour 3 hectolitres de vendange.

Le droit de consommation sur les eaux-de-vie, esprits, liqueurs, fruits à l'eau-de-vie, absinthes et autres liquides alcooliques non dénommés, est fixé à 220 fr. par hectolitre d'alcool pur, décimes compris.

Le tarif des licences des débitants et marchands en gros de boissons, des brasseurs, des bouilleurs et distillateurs est fixé comme suit, décimes compris :

Débitants établis dans les communes d'une population de :

| | | | | | |
|---|---|---|---|---|---|
| 500 | habitants et au-dessous, par trimestre... | | | | 6 fr. 25 |
| 501 | — | à 1.000, | | — | 8 » |
| 1.001 | — | à 4.000, | | — | 10 » |
| 4.001 | — | à 10.000, | | — | 15 » |
| 10.001 | — | à 20.000, | | — | 20 » |
| 20.001 | — | à 50.000, | | — | 25 » |
| 50.001 | — | à 100.000, | | — | 30 » |
| Au-dessus de 100.000 habitants, Paris compris, | | | | | 37 fr. 50 |

Toutefois dans les communes de plus de 4.000 habitants, les débitants situés hors de l'agglomération seront imposés au tarif applicable à la population non agglomérée.

Débitants vendant accidentellement des boissons les jours de fête ou de foire, par trimestre. . . . . . . 6 fr. 25

Marchands en gros, Paris compris . . . . . 62 fr. 50

Brasseurs . { Dans les onze départements dé-
signés à l'article 6 de la loi du
1er septembre 1871. . . . . . . . .   62 fr. 50
Dans les autres départements  .   37 fr. 50
Bouilleurs et distillateurs . . . . . . . . .   15 fr.  »

Les maxima des licences municipales, instituées par la loi du 29 décembre 1897 et le décret du 16 juin 1898, continueront d'être calculés d'après les tarifs en vigueur avant la promulgation de la présente loi.

Article 2. — Les vins, cidres, poirés et hydromels continuent à circuler sous acquit lorsqu'ils sont à destination de personnes jouissant du crédit des droits, et, en outre, dans les communes de moins de 4.000 habitants, quand ils sont à la destination des débitants ; les droits garantis par les acquits au cas de non décharge sont réduits au double de la taxe de circulation.

Pour les transports de vins, cidres, poirés effectués de leur pressoir ou d'un pressoir public à leurs caves ou celliers, ou de l'une à l'autre de leurs caves dans le canton de récolte et les communes limitrophes de ce canton, les récoltants sont admis à détacher eux-mêmes d'un registre à souche, mis à leur disposition et contrôlé par les agents de la régie, des laisser-passer dont le coût est fixé à 0 fr. 10; les petites quantités transportées à bras ou à dos d'homme circuleront librement.

En dehors des cas prévus aux paragraphes précédents, les vins, cidres, poirés et hydromels ne pourront circuler qu'accompagnés d'un congé constatant le payement du droit.

Art. 3. — Pour les spiritueux, l'obligation de l'acquit-à-caution est étendue à tous les transports à destination des villes d'une population agglomérée de 4.000 habitants et au-dessus, et des localités où il existe des taxes d'octroi sur l'alcool.

Les acquits-à-caution accompagnant des spiritueux pourront être recommandés moyennant le payement d'un droit supplémentaire de 0 fr. 50 par expédition. Dans ce cas, la responsabilité du soumissionnaire ne demeurera engagée que pendant un délai de 40 jours après l'expiration du délai fixé pour le transport.

Art. 4. — Les droits de circulation et de consommation sur les boissons expédiées sous acquits aux débitants, et le droit de consommation sur les spiritueux expédiés aux consommateurs dans les conditions prévues à l'article précédent, doivent être acquittés, savoir :

Dans les localités ayant une population agglomérée de 4.000 habitants et au-dessus ou pourvues d'un octroi au moment de l'introduction.

Partout ailleurs, dans les quinze jours qui suivront l'expiration du délai fixé pour le transport.

Pour les débitants qui vendent accidentellement des boissons les jours de fête ou de foire, les droits sont exigibles immédiatement

Art. 5. — L'exercice des débits de boissons est supprimé.

Dans les communes où il n'existe pas de surveillance

effective et permanente aux entrées, toute personne qui
vend en détail des boissons reste seulement assujettie
dans ses caves, magasins, et autres locaux affectés au
commerce, aux visites des employés de la régie qui pourront effectuer les vérifications et prélévements nécessaires
pour l'application des lois concernant les fraudes commerciales et les fraudes fiscales.

ART. 6. — Dans les mêmes communes, il est tenu,
pour les débitants, le même compte de spiritueux que
pour les marchands en gros ; les décharges sont établies
d'après les enlèvements effectués en vertu d'expéditions
et les manquants reconnus lors des vérifications ; les
excédents sont saisissables dans les mêmes conditions.

ART. 7. — Lors des recensements effectués chez les
marchands en gros, les quantités de vins, cidres, poirés
et hydromels, reconnues manquantes en sus de la déduction légale, seront frappées du droit de circulation, et,
s'il y a lieu, des taxes d'octroi.

Tout excédent de boissons et spiritueux, quel qu'en
soit le taux, constaté à la balance finale du compte, sup-
pose une introduction frauduleuse, un mouillage ou une
fabrication clandestine et donne lieu à un procès-verbal.

Pour l'établissement des inventaires, les marchands en
gros, entrepositaires d'alcool, les bouilleurs de profession
et les bouilleurs de cru qui leur sont assimilés, devront
mettre à la disposition de l'Administration des contributions indirectes les instruments de vérification et le personnel nécessaires.

Art. 8. — Tout propriétaire récoltant qui désire vendre au détail les boissons provenant de sa récolte, est tenu d'en faire préalablement la déclaration au bureau de la régie, d'acquitter la licence de débitant et les taxes générales et locales sur les boissons destinées à la vente, et de se soumettre à toutes les obligations des débitants.

Toute personne autre qu'un propriétaire récoltant qui, en vue de la vente en gros ou en détail, fabrique des vins, cidres, poirés ou hydromels, est tenue d'en faire préalablement la déclaration au bureau de la régie et d'acquitter la licence de marchand en gros ou en détail. Elle doit, de plus, acquitter les droits immédiatement après chaque fabrication, si la boisson est destinée à la vente au détail.

Les vendanges expédiées en vue de ces fabrications pourront être reçues sous acquit-à-caution.

Art. 9. — Les boissons autres que les spiritueux introduites sous acquit-à-caution ou fabriquées dans les distilleries y seront prises en charge, comme matières premières, à la fois pour leur volume et pour la quantité d'alcool pur qu'elles renferment.

Nul ne peut, en vue de la distillation, préparer des macérations de grains, de matières farineuses ou amylacées, ou mettre en fermentation des matières sucrées, ni procéder à aucune opération chimique ayant pour conséquence directe ou indirecte une production d'alcool, sans en avoir préalablement fait la déclaration au bureau de la régie.

Des décrets en forme de règlements d'administration publique, détermineront, suivant la nature des industries, le délai dans lequel cette déclaration devra être effectuée.

ART. 10. — Sont soumis au régime des bouilleurs de profession les bouilleurs de cru qui, dans un rayon déterminé par l'article 20 du décret du 17 mars 1852, exercent la profession de débitants ou de marchands en gros de boissons.

Sont également soumis au régime des bouilleurs de profession les bouilleurs de cru qui font usage d'appareils à marche continue pouvant distiller par 24 heures plus de 200 litres de liquide fermenté, d'appareils chauffés à la vapeur ou d'alambics ordinaires d'une contenance totale supérieure à 5 hectolitres. Il leur est toutefois accordé une allocation en franchise de 20 litres d'alcool pur par producteur et par an pour consommation de famille.

Par dérogation au paragraphe précédent, les alambics ambulants peuvent avoir une contenance de plus de 5 hectolitres, sans que les producteurs qui en font usage perdent leur privilège de bouilleurs de cru.

Les bouilleurs de cru, convaincus d'avoir enlevé ou laissé enlever de chez eux des spiritueux sans expédition ou avec une expédition inapplicable, perdent leur privilège et deviendront soumis au régime des bouilleurs de profession pour toute la durée de la campagne en cours et pour la campagne suivante.

ART. 11. — Tout loueur d'alambic ambulant est tenu, indépendamment des obligations qui lui sont imposées par le règlement du 15 avril 1881, de consigner sur un cahier journal, dont la remise lui sera faite par la régie, le jour et l'heure et le lieu où commence et s'achève chacune de ses distillations, les quantités et espèces de matières mises en œuvre par lui et leurs produits à la fin de chaque journée. Ce carnet doit être présenté à toute réquisition des employés. En cas de non accomplissement des dispositions qui précèdent, le permis de circulation cessera de produire ses effets et le loueur ne pourra en obtenir un nouveau avant un délai de six mois et d'un an en cas de récidive.

ART. 12. — Tout détenteur d'appareils ou de portion d'appareils propres à la distillation d'eaux-de-vie ou d'esprits est tenu, dans le mois qui suivra la promulgation de la présente loi, de faire au bureau de la régie une déclaration énonçant le nombre, la nature et la capacité de ces appareils ou portions d'appareils. Seront dispensés de cette déclaration les personnes qui auront une licence de bouilleur ou distillateur.

Tout fabricant ou marchand d'appareils propres à la distillation d'eaux-de-vie ou d'esprits est tenu d'inscrire sur un registre spécial, dont la présentation pourra être exigée par les employés des contributions indirectes, les noms et demeures des personnes auxquelles il aura livré à quelque titre que ce soit, des appareils ou portions d'appareils. Il devra, de plus, dans les quinze jours de la vente, faire connaître au bureau de la régie de sa résidence le nom et le domicile des personnes à qui ces livraisons ont été faites. Cette dernière disposition est applicable aux cessions faites accidentellement par des particuliers non commerçants.

Les appareils seront poinçonnés par les employés des contributions indirectes, moyennant un droit de 1 franc perçu immédiatement.

ART. 13. — Les contraventions aux prescriptions des art. 5, 6, 7 et 8 de la présente loi sont punies des peines édictées par l'article premier de la loi du 28 février 1872, lorsqu'elles ont pour objet des spiritueux, et par l'art. 7 de la loi du 21 juin 1873, lorsqu'elles concernent des vins, cidres, poirés et hydromels.

Les contraventions aux art. 9, 10, 11 et 12 sont punies d'une amende de 500 à 5.000 fr., indépendamment de la confiscation des appareils et boissons saisis et du remboursement des droits fraudés.

En cas de récidive, l'amende sera doublée.

Les mêmes peines seront applicables à toute personne convaincue d'avoir facilité la fraude ou procuré sciemment les moyens de la commettre.

Les dispositions des art. 222, 223, 224 et 225 de la loi du 28 avril 1816, relatives à l'arrestation et à la détention des contrevenants, sont applicables à toute personne qui aura été surprise fabricant de l'alcool en fraude et à tout individu transportant de l'alcool sans expédition ou avec une expédition altérée ou obtenue frauduleusement.

Les pénalités édictées par les art. 11 et 12 de la loi du 21 juin 1873, soit contre les auteurs principaux, soit contre les complices, sont applicables aux fraudes commises dans les distilleries à l'aide de souterrains ou tout autre moyen d'adduction ou de transport dissimulé d'alcool.

Art. 14. — Les droits sur les sucres employés au sucrage des vins, cidres et poirés, dans les conditions déterminées par les lois et règlements en vigueur, sont portés à 40 francs (40 fr.) par 100 kilogrammes de sucre raffiné, décimes compris.

Les quantités de sucre à employer pour relever le degré alcoolique des vins ne peuvent dépasser 15 kilogrammes par trois hectolitres de vendange.

Les quantités de sucre à employer pour la fabrication des vins de sucre ne peuvent dépasser 25 kilogrammes par trois hectolitres de vendange.

Art. 15. — Dès la mise en vigueur de la présente loi, les commerçants et dépositaires d'alcool établis en tous lieux, Paris compris, seront tenus de déclarer au bureau de la régie les quantités d'alcool existant en leur possession.

Ces quantités seront ensuite reprises par voie d'inventaire ; chez les non entrepositaires, les quantités reprises seront immédiatement soumises au payement des taxes complémentaires résultant de l'application des nouveaux tarifs ; par exception, les assujettis qui auront chez eux de l'alcool dont les droits ne seront pas acquittés pourront les régler sur la base des nouveaux tarifs au moyen d'obligations cautionnées d'un à trois mois de terme.

Toute quantité qui n'aura pas été déclarée donnera lieu, en sus du payement d'une amende égale au double des taxes exigibles.

En ce qui concerne les vins, cidres, poirés et hydromels,

chez tous les débitants, les droits afférents aux quantités constatées en restes seront immédiatement exigibles, les abonnements étant pour les abonnés résiliés de plein droit à la date de la mise en vigueur de la loi.

ART. 16 — Sont maintenues toutes les dispositions des lois en vigueur qui ne sont pas contraires à celles de la présente loi.

Nous n'avons pas à entrer dans les détails de réglementation contenus dans ce projet ; nous avons voulu montrer seulement que la proposition de loi de M. Caillaux répondait aux critiques dont les impôts actuels sur les boissons hygiéniques font l'objet.

Au point de vue de la réforme qui nous intéresse spécialement, ce projet s'accommoderait difficilement de celui de M. Guillemet. On ne saurait demander à la fois à des taxes sur l'alcool et les ressources nécessaires pour faire disparaître l'octroi, et la majeure partie des frais de la réforme des droits sur les boissons hygiéniques. Il serait à craindre, en effet, que le nouveau droit de consommation sur l'alcool soit porté subitement à un chiffre trop élevé. La consommation de ce produit pourrait diminuer, ou tout au moins, la consommation qui serait taxée ; car les fabrications illicites seraient d'autant plus à craindre que l'impôt serait plus élevé ; et nous avons dit, d'autre part, que la suppression du privilège des bouilleurs de cru, qui seule permettrait d'empêcher totalement la fraude, était une mesure que la Chambre, pour divers motifs se garderait bien d'adopter. La réglementation et la restriction du privilège des bouilleurs de crû, telles qu'elles sont établies dans la proposition, seraient déjà des innovations heureuses, dont il faudrait se contenter.

Pour l'établissement de son système, le ministre des finances n'a eu qu'à se préoccuper des dispositions de la loi du 29 décembre 1897, relative à la suppression des taxes d'octroi sur les boissons hygiéniques. Nous aurons à examiner plus loin si la question de la suppression totale de l'octroi et celle de la réforme des droits sur les boissons, qui sont intimement liées l'une à l'autre, peuvent être en même temps résolues.

2° Le Projet de M. Fleury-Ravarin

Adoptant les principes du savant professeur dont nous avons résumé la doctrine, M. Fleury-Ravarin établit que si, comme le prétendent les producteurs, la barrière d'octroi est une digue à l'écoulement des produits agricoles, si elle majore artificiellement les prix en diminuant le nombre des consommateurs et réduit les débouchés, le producteur qui en réclame la suppression compte bien en tirer un bénéfice.

Il conclut donc que, si la suppression des octrois doit profiter non seulement aux habitants des villes, mais encore aux paysans, il faut demander non seulement aux villes à octroi, mais au pays entier, d'en supporter les frais.

Voici le texte de la proposition de loi de M. Fleury-Ravarin, tendant à la suppression complète et obligatoire des octrois, présentée le 6 février 1899, elle a été renvoyée à la commission des octrois.

ARTICLE PREMIER. — Les taxes d'octroi seront supprimées dans toute la France le 31 décembre 1901.

A partir de cette date, aucun impôt ne pourra plus être perçu à l'entrée des villes au moyen de barrières, soit au profit des communes, soit au profit de l'Etat.

Les droits d'entrée sur les boissons hygiéniques, perçus au profit de l'Etat seront incorporés dans le droit général de circulation à déterminer par une loi spéciale.

ART. 2. — Pour remplacer le produit des taxes d'octroi supprimées, l'Etat fera abandon aux communes de la part qu'il perçoit actuellement en principal et centimes additionnels, dans les impôts portant sur les maisons, savoir :

1º L'impôt foncier sur les propriétés bâties ;

2º L'impôt des portes et fenêtres.

Cet abandon sera fait à toutes les communes sans distinction. L'Etat abandonnera, en outre, aux communes de plus de 20.000 habitants sa part dans l'impôt des patentes.

L'assiette et la perception des impôts abandonnés continueront à être assurées suivant les formes actuelles, avec le concours des agents de l'Etat, sans qu'aucune rémunération spéciale soit mise à la charge des communes.

ART. 3. — Les communes qui ne trouveraient pas dans les taxes abandonnées par l'Etat l'équivalent des droits d'octroi supprimés pourront recourir aux taxes suivantes, dans l'ordre ci-après :

1° Licence spéciale sur les établissements vendant des boissons à consommer sur place, tels que hôtels, restaurants, brasseries, cafés, concerts, etc., et sur les pensions, y compris les internats d'enseignement ;

2° Taxe sur les constructions neuves ;

3° Taxe sur les chevaux et bestiaux ;

4° Centimes additionnels aux quatre contributions directes. Les taxes prévues aux paragraphes 2, 3 et 4 ne pourront être établies qu'après obtention pour les licences spéciales d'une somme équivalente à la moitié des droits actuellement supportés par les mêmes établissements.

L'assiette, les tarifs et le mode de perception de ces taxes seront arrêtés par les Conseils municipaux et approuvés par les préfets, dans les conditions qui seront déterminées par un règlement d'administration publique.

Art. 4. — Les communes actuellement sans octroi devront affecter au dégrèvement de l'impôt foncier sur les propriétés non bâties les ressources qui leur sont attribuées par application de l'article 2.

Art. 5. — Pour compenser dans le budget de l'Etat, l'abandon fait aux communes des impôts directs mentionnés à l'article 2, il sera procédé de la façon suivante :

En compensation des droits d'octroi et d'entrée perçus actuellement aux barrières des villes, le droit général de consommation sur l'alcool sera porté à 195 fr. l'hectolitre.

Les deux décimes et demi, établis à titre provisoire en sus des impôts indirects, en vertu des lois des 6 prairial an VII, 23 août 1871 et 30 décembre 1873, seront définitivement joints au principal.

Ce principal nouveau supportera à partir du 1er janvier 1902 un décime supplémentaire portant sur :

1° Les impôts perçus par l'administration des contributions indirectes, à l'exception des impôts sur les transports ;

2° Les impôts perçus par l'Administration de l'Enregistrement et du Timbre ;

3° Les impôts perçus par l'Administration des Douanes et ayant le caractère fiscal (sucres coloniaux, cafés, thés, cacaos, poivres, etc.).

ART. 6. — Un règlement d'administration publique réglera la situation des employés d'octroi actuellement en fonctions, en ayant recours suivant leur âge et la durée de leurs services à l'un des moyens ci-après :

1° Attribution d'une indemnité à la charge des communes ;

2° Incorporation dans les services municipaux ou dans les administrations d'Etat (Douanes et Contributions indirectes) ;

3° Retraite proportionnelle.

ART. 7. — La loi du 29 décembre 1897, relative à la suppression des taxes d'octroi sur les boissons hygiéniques est supprimée.

L'honorable député propose donc l'abandon par l'Etat aux communes :

1º De l'impôt foncier des propriétés bâties ;

2º De la contribution des portes et fenêtres ;

3º De l'impôt des patentes dans les villes de plus de 20.000 âmes.

Les communes dans lesquelles ces nouvelles ressources seraient insuffisantes pour remplacer les taxes d'octroi disparues seraient autorisées à pourvoir à la différence par la création de licences municipales sur les cafés et restaurants, etc., par des taxes sur les constructions neuves et sur les chevaux, et enfin par des centimes additionnels aux quatre contributions directes.

L'Etat de son côté se créerait de nouvelles ressources pour compenser celles dont il fait l'abandon.

En compensation des droits d'octroi et d'entrée, actuellement perçus aux barrières des villes, le droit général de consommation sur l'alcool serait porté à 195 fr. l'hectolitre.

Les deux décimes et demi établis à titre provisoire en sus des impôts indirects, en vertu de la loi des 16 prairial an VII, 23 août 1871 et 30 décembre 1873, seraient définitivement joints au principal.

Ce principal supporterait un décime supplémentaire portant sur :

1º Les impôts perçus par l'Administration des contributions indirectes à l'exception des impôts sur les transports ;

2° Les impôts perçus par l'Administration de l'Enregistrement et du Timbre ;

3° Les impôts perçus par l'Administration des douanes et ayant le caractére fiscal (sucres coloniaux, cafés, thés, cacaos, poivres, etc.).

Renonçant à demander sur l'alcool la majeure partie des frais de la suppression des octrois, pour les raisons que nous avons indiquées plus haut, M. Fleury-Ravarin ne fait qu'unifier les droits divers qui l'atteignent et les fondre en une seule taxe de consommation.

Cette mesure est non seulement une mesure de justice fiscale, elle s'impose aussi comme une conséquence de la suppression de l'octroi : « Sans barriére, en effet, la perception du droit d'entrée, de la taxe unique et de la taxe de remplacement devient impossible ; personne ne concevrait, les communes ayant supprimé leurs taxes d'octrois, que l'Etat continuât à entretenir des barriéres uniquement pour percevoir des impôts généraux qui, sous une autre forme, peuvent être recouvrés sans perte. Comme il ne peut être question de diminuer les charges fiscales de l'alcool, la seule combinaison qui s'offre consiste à récupérer comme partie intégrante de l'impôt général les taxes spéciales qui disparaîtront avec la barriére. » (1).

On ne saurait admettre, en effet, qu'une loi fiscale ait pour conséquence l'abaissement des droits sur l'alcool ; aussi est-il juste, en supprimant les droits d'entrée et d'oc-

_______________

(1) M. Fleury-Ravarin, *Exposé des motifs.*

troi sur ce produit d'en demander les équivalents sous la forme d'une surélévation du droit de consommation. La réforme a, d'ailleurs, un autre avantage : En faisant entrer dans le calcul du nouveau droit de consommation le total des droits actuellement perçus, l'Etat trouvera un bénéfice de plus de 45 millions qui diminuera d'autant les sommes à trouver pour compenser l'abandon des taxes laissées aux communes.

Pour compléter les ressources nécessaires à faire face au déficit causé au Trésor par l'abandon de ses contributions directes, l'Etat créerait un nouveau décime sur l'ensemble des impôts indirects généraux, sauf quelques exceptions qui paraissent s'imposer.

Le moyen proposé est celui qu'avait déja indiqué M. Berthélemy ; après avoir constaté l'impossibilité d'établir, vu les circonstances présentes, un impôt sur l'alcool permettant de racheter tous les droits d'octroi, il démontrait la facilité qu'il y aurait d'établir un nouveau décime sur les contributions indirectes. Il signalait l'emploi de ce moyen comme d'une application très simple, n'entraînant pas de nouveaux frais de perception et permettant de résoudre par un simple virement le problème de la suppression des octrois ; et donnait à l'appui les exemples suivants :

Et l'an VII, pour faire face à l'Europe coalisée, une loi du 6 prairial augmenta d'un décime provisoire l'ensemble des impôts indirects.

En 1855, Napoléon III, pour payer les dépenses de la guerre de Crimée, établit un nouveau décime, et les motifs invoqués à l'appui de cette mesure sont toujours vrais et peuvent être reproduits avec autant de raison pour réaliser la suppression des octrois. « Le décime anciennement établi sur la plupart des impôts indirects, disait l'exposé des motifs, existe depuis si longtemps que, pour le public, il est presque confondu avec la taxe principale. Le nouveau décime paraîtra donc une augmentation relativement peu considérable par rapport à la quotité totale de l'impôt tel qu'il est aujourd'hui. Il n'aura pas l'inconvénient de grever d'une charge lourde une seule classe de contribuables ou d'affecter gravement certains objets ou certaines transactions. Il se répartira sur un très grand nombre de redevables et sur une grande variété de produits, et, par suite il sera presque insensible pour chacun d'eux ».

Le même procédé fut repris par la loi du 3 août 1871 qui rétablit le second décime qui avait disparu, et par la loi du 30 décembre 1873 qui ajouta encore un demi-décime.

Depuis 1873, les deux décimes et demi sont, en fait, confondus par le public avec le principal de l'impôt ; il serait facile de ne les plus distinguer légalement de ce principal et de créer un nouveau décime qui se ferait peu sentir et permettrait d'abolir partout les douanes intérieures.

Le projet de M. Fleury-Ravarin, d'ailleurs, excepte très justement de ce droit :

1° Les transports, parce que les Compagnies de chemins de fer pourraient en prendre prétexte pour hausser leurs tarifs ; ce qui irait à l'encontre d'une mesure dont on doit attendre les plus heureux effets pour le développement du commerce et l'industrie ;

2° Les droits de douanes ayant un caractère économique protecteur, parce qu'il serait dangereux de détruire l'équilibre difficilement atteint.

Dans ces conditions, la création d'un nouveau décime ne saurait porter atteinte à la liberté de la circulation ; il se ferait peu sentir, et ne serait, il ne faut pas l'oublier, qu'un accroissement d'impôt compensé par un dégrèvement correspondant.

Quant aux contributions directes que M. Fleury-Ravarin propose d'abandonner aux communes, elles conviennent admirablement à la nouvelle destination que l'on veut donner ; si elles sont perçues actuellement sur l'ensemble du territoire, ce n'est guère que dans les agglomérations urbaines qu'elles sont véritablement productives. Or, c'est là précisément que les perceptions d'octroi sont importantes.

Les taxes abandonnées par l'Etat sont de nature essentiellement communales :

« Nous proposons que l'Etat abandonne aux communes les ressources que l'impôt foncier sur les propriétés bâties et l'impôt des portes et fenêtres lui permettent de tirer des dépenses somptuaires faites par les villes, dépenses dont les maisons profitent en tout premier lieu.

« Nous demandons, en outre, que l'Etat abandonne aux communes de plus de 20.000 âmes les ressources que l'impôt des patentes lui permet de tirer encore des dépenses d'embellissement faites par les municipalités, dépenses dont le commerce en boutique est le bénéficiaire immédiat » (1).

L'auteur du projet fait ensuite remarquer que si l'impôt des portes et fenêtres a donné lieu à de nombreux projets de réforme, parmi lesquels figure celui de le joindre à l'impôt foncier, la mesure qu'il propose, loin d'y faire obstacle, permettrait de le réaliser.

L'abandon de l'impôt foncier sur les propriétés bâties et de l'impôt des portes et fenêtres à toutes les communes sans distinction est une compensation de ce que supporteront leurs habitants dans la surcharge des impôts indirects généraux. En obligeant les communes à affecter ces ressources au dégrèvement de l'impôt foncier, le projet a voulu empêcher le gaspillage financier auquel auraient pu se livrer les conseils municipaux ; en diminuant les charges excessives qui pèsent sur la terre, ce dégrèvement empêchera la crise de la propriété rurale.

Il nous reste à examiner les taxes auxquelles les communes pourront recourir dans le cas où les contributions abandonnées par l'Etat seraient insuffisantes pour combler le déficit résultant de la suppression de l'octroi. L'article 3 du projet de loi prévoit l'établissemet de 4 taxes, dont la plus importante serait une licence spéciale sur les établissement vendant des boissons à consommmer sur place, et de plus sur les pensions y compris les internats d'enseignement.

(1) M. Fleury-Ravarin, *Projet de loi.*

Le choix de cette taxe est excellent ; il permet de faire participer les étrangers et les visiteurs des villes aux dépenses locales ; d'autre part, la suppression de l'octroi donnerait des bénéfices trop exagérés aux établissements visés, si on ne reprenait pas sur eux une partie au moins de ce qu'ils doivent gagner. Ce sont ces motifs qui ont poussé le législateur à décider « que les trois dernières taxes ne pourraient être établies qu'après obtention par les licences spéciales d'une somme équivalente à la moitié des droits supportés actuellement par les mêmes établissements. »

Ces licences seront établies par les Conseils municipaux, après avoir entendu les intéressés et sous réserve de l'approbation préfectorale.

La seconde taxe est un impôt sur les constructions neuves, destiné à remplacer les droits acutuellement perçus par l'octroi sur les matériaux ; il serait perçu au mètre cube et préalablement à toute permission de bâtir de nouvelles constructions.

Le troisième impôt qui pourra être demandé est une taxe sur les chevaux et bestiaux. C'est la restitution sous une forme directe des droits perçus par l'octroi sur les fourrages.

Enfin la quatrième ressource consisterait à autoriser les Conseils municipaux à demander à des centimes additionnels sur les quatre contributions directes le supplément de ressources nécessaires.

La proposition a soin de faire remarquer que les centimes ne pourront porter que sur les quatre contributions à la fois et dans les mêmes proportions. Le danger qu'elle a justement voulu éviter est que les Conseils municipaux ne songent à grever trop lourdement la propriété foncière. Nous avons dit combien il serait injuste et abusif de faire porter les charges de la réforme plus lourdement sur les revenus immobiliers que sur les autres.

M. Fleury-Ravarin, indépendamment de la question de justice, considère encore qu'il serait dangereux de taxer la propriété :

« 1º En raison de la répercussion qu'aurait infailliblement sur l'industrie du bâtiment et sur le crédit toute taxe nouvelle sur la propriété ;

2º En raison de la répercussion immédiate et brutale qu'elle aurait sur le montant des loyers, principalement sur celui des petits loyers, pour lesquels il n'a pas été passé de baux, et qui, par conséquent, peuvent être augmentés plus facilement que les autres.

3º Enfin pourquoi chargerait-on ce genre de revenus, plutôt que les revenus de spéculation sur les titres et valeurs des compagnies et sociétés de finances ? Entre deux citoyens riches, lequel offre pour la nation le plus d'utilité ? N'est-ce pas celui qui a sa fortune en biens français, franchement avoués, et sur lesquels les impôts établis se perçoivent sûrement ? Est-ce, au contraire, celui qui a tous ses revenus en rente italienne, anglaise, autrichienne, ou en valeur de spéculation ? Entre les deux, le propriétaire qui a sa fortune en valeurs françaises, mobilières ou immobilières, est évidemment le plus intéressant. Pourquoi, dès lors, l'écraser plutôt que l'autre ? »

Les motifs invoqués par M. Fleury-Ravarin pour la création de ces taxes communales ne sauraient être justement combattus. Du rapide examen que nous en avons fait, nous avons pu nous convaincre qu'elles répondaient à une idée de justice et d'équité dans la répartition des charges incombant aux contribuables. Elles ont encore un autre avantage : susceptibles de procurer des ressources considérables aux communes, ces taxes par leur nature même se prêtent à une augmentation progressive de rendement par le développement naturel de la richesse publique; pouvant donner au budget communal l'élasticité nécessaire à son fonctionnement, elles sont le complément de la réforme cherchée.

Il nous reste à donner l'économie du projet de loi d'après les chiffres officiels.

La suppression des droits d'octroi demande une somme de 326 millions environ ainsi répartie :

| | |
|---|---:|
| 1° Boissons et liquides. . . . . . . . . | 139.670.763 fr. |
| 2° Comestibles. . . . . . . . . . . . | 89.566.436 » |
| 3° Combustibles . . . . . . . . . . | 42.280.601 » |
| 4° Fourrages. . . . . . . . . . . . | 17.824.267 » |
| 5° Matériaux. . . . . . . . . . . | 31.770.816 » |
| 6° Objets divers . . . . . . . . . . | 4.212.181 » |
| 7° Recettes accessoires (escorte entrepôts) . . . . . . . . . . . . | 818.692 » |
| Total . . . . . . . | 326.143.756 fr. |

L'État abandonnerait :

Contribution foncière sur la propriété
bâtie . . . . . . . . . . . . . . .   84.059.566 fr.

Contribution des portes et fenêtres. .   61.198.847  »

Contribution des patentes dans les
villes de plus de 20.000 habitants.   80.825.000  ⟩

Total . . . . . . .   226.084.413 fr.

L'Etat aurait comme ressources nouvelles :

I. — Un bénéfice résultant de l'unification des tarifs sur
l'alcool, soit :

1° Le produit des droits d'octroi . . .   30.419.000 fr.

2° Le montant des droits acquittés
sur leur teneur d'alcool par 11.869
hectolitres de vins alcoolisés, soit . . .   2.850.000  »

3° Le montant des surtaxes sur l'alcool
établies depuis que les chiffres ci-dessus
ont été arrêtés par certaines communes,
qui ont, au 1er janvier 1899, fait application de la loi du 29 décembre 1897, soit.   14.762.000  »

Total. . . .   48.031.000  »

II. — Un décime portant :

1° Un décime sur les produits des contributions indirectes . . . . . . . . . .   76.743.150 fr.

2° Un décime sur les impôts perçus
par l'Administration de l'Enregistrement
et du Timbre . . . . . . . . . . . . . .   79.337.320  »

2° Un décime sur les douanes. . . . .   18.990.000  »

Total. . . . .   175.070.470  »

Total général. . . . . .   223.101 470  »

A côté de l'économie générale du projet, il nous paraît intéressant d'appliquer le projet de M. Fleury-Ravarin à la Ville de Paris, d'après les chiffres fournis par l'Administration.

Les produits de l'octroi de la Ville de Paris s'élèvent en moyenne à la somme de. . . . . . . . . . . . . . . . . . . . . 156.000.000 fr.

Dont il faut déduire pour frais de perception . . . . . . . . . . . . . . . . . . . . 10.000.000   »

Reste. . . . . . .  146.000.000   »

L'Etat abandonnerait à la Ville :

1º La contribution foncière des propriétés bâties :

Principal. . . . . . .  17.000.000 fr.
Produit de 24 centimes 12 addi- . .     } 21.100.400 fr.
   tionnels généraux. . 4.100.000   »

2e La contribution des portes et fenêtres :

Principal . . . . . . .  7.000.000 fr.
Produit de 38 centimes 32     } 9.724.400 fr.
   additionnels généraux 2.724.400   »

3º Les Patentes :

Principal. . . . . . . 25.000.000 fr.
Produit de 65 centimes 72     { 41.430.000 fr.
   additionnels généraux 16.430.000 fr.

Total. . . . . . .  254.800 fr.

Taxes que la Ville de Paris pourrait établir :

1. — Licences municipales, correspondant à la moitié des bénéfices dont les commerçants profiteraient. L'admi-

nistration évaluant à 55 % des recettes actuelles sur les boissons et à 80 % des recettes actuelles sur les alcools la somme aujourd'hui payée dans l'ensemble des droits d'octroi par les établissements vendant à consommer sur place.

1° Vins, produit 52 millions, 55 % font 28.600.000 fr. dont la moitié est de     14.300.000 fr.

2° Alcools, produit 66 millions, 80 % de 66 millions font 52.800.000 fr. dont la moitié est de. . . . . . . .    26.400.000 »

3° Cidres, poirés, produit 710.000 fr. 55 % de 710.000 fr. font 390.000 fr. dont la moitié est de. . . . . . . .    195.000 »

4° Bières, produit 3.7000.000 fr. 55 % de 3.700.000 fr. font 2.035.000 fr. dont la moitié est de. . . . . . . .    1.017.000 »

Total des licences. . .    41.912.000 fr.

II. — Droit sur les constructions neuves (correspondant aux droits d'octroi) . . . . . . . . . . . . . . .    8.757.000 fr.

III. — Droits sur les chevaux et bestiaux (correspondant aux droits d'octroi). . . . . . . . . . . . . . .    6.015.000 »

Total des taxes communales. .    56.684.000 fr.

Sommes laissées par l'Etat. .    72.254.800 fr.

Recettes nouvelles. . . . .    128.938.800 fr.

Le déficit résultant de la suppression des octrois de la

Ville de Paris s'élevait à 146.000.000. C'est donc un déficit de 17.000.000 qu'il reste à combler.

Mais dans ce compte n'entrent pas les licences municipales à établir sur les restaurateurs et les directeurs d'internats. Leur part contributive dans le produit total des droits d'octroi sur les comestibles étant de 45 %, et le montant de ces droits s'élevant à 34 millions, on trouverait à bien peu près la somme nécessaire pour combler le déficit. Le quatrième moyen, mis à la disposition des communes, c'est-à-dire la création de centimes additionnels aux quatre contributions directes serait inutile, et permettrait de faire face à l'imprévu.

Ainsi la proposition de loi de M. Fleury-Ravarin donne une solution au problème si longtemps cherché de la suppression des octrois, elle comporte encore un autre avantage.

*3° Conciliation du projet de réforme de l'impôt des boissons avec le projet de M. Fleury-Ravarin.*

Préoccupé de la réforme de l'impôt des boissons, M. Fleury-Ravarin n'a pas voulu demander à un impôt sur l'alcool le moyen de réaliser son système. La taxe de consommation de 195 fr. par hectolitre d'alcool pur qu'il propose d'établir représente seulement l'ensemble des droits divers perçus actuellement sur ce produit. L'impôt n'est pas augmenté et les taxations inégalités de cessent d'exister.

Là n'est pas du tout le fruit de cette mesure; les droits

d'entrée perçus par l'Etat sur l'alcool disparaissent en même temps que les droits d'octroi. C'est un premier pas fait en vue de la destruction complète des barrières.

D'autre part, le projet de M. Caillaux, qui ne supprime pas les droits d'entrée sur l'alcool, fait tomber les droits d'entrée perçus sur les boissons hygiéniques ; il complète donc la réforme en atteignant le but poursuivi (1). Il nous reste à voir si les moyens proposés par M. Caillaux et par M. Fleury-Ravarin sont conciliables.

Si, pour arriver à l'économie de son projet, le ministre des finances demande l'augmentation des droits de licences et leur extension à la ville de Paris, cette mesure n'entrave en rien la création de licences municipales, telles qu'elles sont présentées dans le projet de M. Fleury-Ravarin. — M. Caillaux, en effet, se conformant aux dispositions de la loi de 1897, relative au dégrèvement des droits d'octroi sur les boissons hygiéniques, qui autorisait la création de licences communales spéciales, s'est contenté d'augmenter dans une légère proportion les licences perçues actuellement par l'Etat. Aucun motif n'empêche donc les communes de demander à des licences spéciales, comprenant un droit proportionnel, reposant sur la valeur locative des locaux occupés, une partie des ressources qui leur seront nécessaires.

---

(1) La loi du 22 décembre 1878 a décidé que le droit d'entrée perçu sur les huiles végétales ne serait maintenu que dans les villes qui laisseraient subsister un droit d'octroi sur ces produits.

D'autre part, le droit de consommation sur l'alcool, qui, dans le projet de réforme de l'impôt sur les boissons hygiéniques, est porté à 220 fr., serait sans doute modéré si les taxes d'octroi et les droits d'entrée perçus par l'Etat ne venaient majorer le chiffre de l'impôt sur ce produit. Cette considération a empêché M. Caillaux de demander davantage à l'alcool ; il estimait notamment que les nouvelles surtaxes établies à la suite de la loi de 1897 avaient trop notablement surchargé ce produit, pour que l'on puisse établir un droit de consommation plus élevé.

Il ne faut pas oublier, en effet, qu'à l'heure actuelle l'hectolitre d'alcool pur paye à Paris sous forme de droits divers la somme de 351 fr. 25 ainsi décomposé : taxe de remplacement : 186 fr. 25 ; taxe principale d'octroi : 24 fr.; première surtaxe : 55 fr. 80 ; deuxième surtaxe : 85 fr. 25.

Le nouveau droit de consommation de 220 fr. comportant une augmentation de tarif de 63 fr. 75 porterait donc le total des droits sur les alcools perçus à Paris à la somme de : 351 fr. 25 -|- 63 fr. 75 = 415 fr., somme relativement considérable. Sans doute sur les autres points du territoire les droits perçus pourraient être beaucoup moins élevés ; mais, loin d'être un avantage, ces différences de taxations ne feraient que favoriser la fraude et constitueraient des inégalités trop criantes.

Au contraire, venant s'appliquer après la réforme proposée par M. Fleury-Ravarin, le droit de consommation devenant uniformément fixé à 195 fr., l'application du tarif de M. Caillaux donne 195 fr. -/- 63 fr. 75 = 258 fr. 75 (1).

Paris payerait donc environ 100 fr. moins cher qu'à l'heure actuelle l'hectolitre d'alcool pur, et l'unification de la taxe ferait cesser les inégalités injustifiées.

Enfin ce qu'il importe de remarquer surtout, c'est qu'un droit de 258 fr. 75 sur l'alcool n'est pas exagéré, qu'il laisse encore ce produit susceptible d'être taxé davantage, et que le jour où l'on se déciderait à supprimer le privilège des bouilleurs de cru au lieu de le réglementer, le Trésor pourrait trouver des ressources considérables, capables de constituer, comme on l'a dit souvent, un trésor de guerre.

Il est à souhaiter que les Chambres en adoptant ces projets réalisent enfin les réformes cherchées depuis si longtemps. Ce sera une gloire pour la législature d'avoir donné satisfaction aux revendications de la démocratie et d'avoir su assurer en même temps la réalisation des principes de justice et d'égalité, qui veulent que tous les citoyens contribuent aux dépenses publiques. Ce sera une source de prospérité pour le pays qui trouvera dans la suppression des barrières une circulation et une consommation plus intensive des produits, et des débouchés nouveaux correspondant à son activité croissante de production. Sans nous abuser sur les difficultés d'apporter à l'état actuel des choses des réformes qui satisfassent tout le monde, et qui concilient toutes les exigences, nous croyons que la proposition de loi de M. Fleury-Ravarin répond à toutes les

---

(1) A ce chiffre il faudrait ajouter un décime.

principales objections, qui avaient jusqu'à présent empêché de réaliser la suppression des octrois.

En étudiant les différents systèmes qui ont été proposés, nous nous sommes efforcés de montrer avant tout les principes généraux qui doivent dominer la réforme attendue. L'examen de notre situation fiscale et l'exemple de la Belgique montrent qu'en dehors des règles primordiales si clairement exposées par M. Berthélemy, il n'existe pas de procédés efficaces pour supprimer l'octroi. Nous croyons même qu'il serait préférable de consacrer un régime détesté, mais acclimaté, qui est loin d'ailleurs d'être aussi injuste qu'on a bien voulu le dire, plutôt que de supporter de nouveaux impôts où l'arbitraire serait tout. Nous l'avons dit, au point de vue fiscal, économique, sanitaire, administratif, l'octroi est un mauvais impôt ; nous le préférons encore à un impôt inique.

Si les Chambres ne veulent pas créer de nouveaux impôts indirects, et cependant l'exemple tout récent de l'Angleterre est bien fait pour les y décider, si, fidèles à leur programme de propagande électorale, elles s'obstinent à faire miroiter aux yeux des contribuables de mirifiques mais dangereuses réformes, qu'elles s'abstiennent au moins de ne les jamais voter.

« Je demande à droite comme à gauche, disait M. Thiers en 1871, qu'on ne se laisse pas leurrer par les mots et qu'on ne devienne jamais les complices de l'arbitraire...

« N'imitez pas le pouvoir despotique qui flatte les masses en les trompant. Unissez-vous à moi pour traiter le peuple non en enfant qu'on flatte pour le corrompre mais en honnête homme qni est capable d'aimer et de pratiquer la justice. »

Ce que demandait M. Thiers à l'Assemblée Nationale, nous le demandons à la législature actuelle.

# TABLE DES MATIÈRES

## CHAPITRE I

### CONSIDÉRATIONS GÉNÉRALES



## CHAPITRE II

### DIFFÉRENTS SYSTÈMES PROPOSÉS

# CHAPITRE III

## LA LOI DE 1798



# CHAPITRE IV

## VOIES ET MOYENS

Vu :

Le Président de la thèse,

A. BERTHÉLEMY.

Vu :

Le Doyen :

GLASSON.

Vu et permis d'imprimer :

*Le Vice-Recteur de l'Académie de Paris*.

GRÉARD.